谨以此书献给

金中都建都暨北京建都 870 周年

本报告系国家社科基金项目

"北京金中都路网遗存考古发掘资料整理与研究"

（23BKG022）阶段性研究成果。

北京文物与考古系列丛书
北京市考古研究院田野考古报告第51号
金中都考古 （一）

# 金 中 都

# （2019～2020）城墙遗址考古发掘报告

北京市考古研究院　编著

科 学 出 版 社
北 京

# 内 容 简 介

金中都是北京建都之始。本书是2019～2020年对金中都外城西、南城墙遗址考古发掘成果的呈现，对首次正式揭露的城墙、马面、护城河、城内街道路等外城城墙体系进行了全面而细致的整理和研究，初步探讨了金中都外城的营建方式、建造工艺、防御工事和形制格局等特征，论及唐幽州、辽南京、金中都、元大都、明清北京城等城市变迁的历程。通过科技考古分析以及与北宋东京城、辽上京、金上京、元大都等城址的比较研究，总结了金中都城的营建特点，突显了金中都在北京城市发展史乃至中国古代都城制度演变进程中的重要地位和历史价值。

本书可供城市考古、辽金考古、北京史、辽金史等方面的专家学者参考阅读。

**图书在版编目（CIP）数据**

金中都（2019～2020）城墙遗址考古发掘报告 / 北京市考古研究院编著.
—北京：科学出版社，2023.10
（北京市考古研究院田野考古报告；第51号.金中都考古；1）
ISBN 978-7-03-076742-4

Ⅰ.①金… Ⅱ.①北… Ⅲ.①古城遗址（考古）－发掘报告－北京－
2019–2020 Ⅳ.①K878.35

中国国家版本馆CIP数据核字（2023）第202629号

责任编辑：王琳玮 / 责任校对：邹慧卿
责任印制：肖 兴 / 封面设计：金舵手

科 学 出 版 社 出版

北京东黄城根北街16号
邮政编码：100717
http://www.sciencep.com

北京汇瑞嘉合文化发展有限公司 印刷
科学出版社发行 各地新华书店经销
\*

2023年10月第 一 版 开本：889×1194 1/16
2023年10月第一次印刷 印张：14 1/2 插页：55
字数：600 000

**定价：328.00元**

（如有印装质量问题，我社负责调换）

# 目　　录

# 插图目录

# 彩版目录

所以说，金中都不仅开创了金朝历史发展的新局面，同时拉开了北京作为我国政治中心的历史序幕，确立了北京在我国古代都城发展史上的重要地位。

# 第一节　地理位置与历史沿革

金中都遗址位于现在北京市西南部（图一），主要区域横跨现在的西城区和丰台区，外城

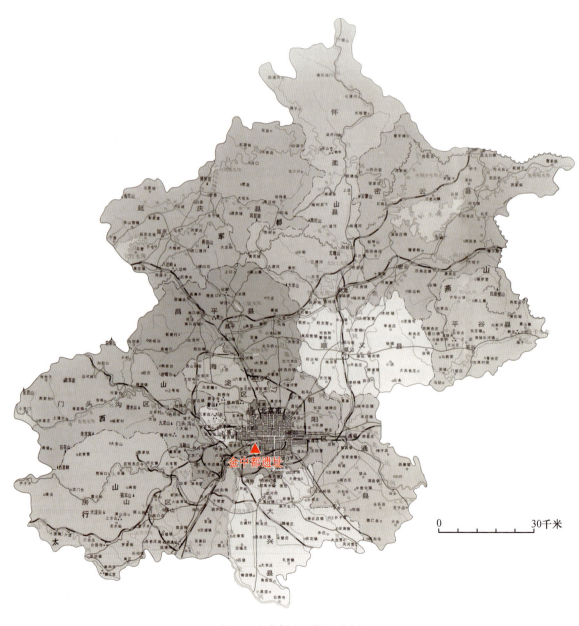

图一　金中都遗址位置示意图

周长18690米①，基本呈方形，东西较南北稍长。西城墙在今丰台区高楼村南北一线上，北端在今军事博物馆南皇亭子一带，南端在今丰台区凤凰嘴村；南城墙在今右安门外凉水河以北一线，其西端在凤凰嘴村，东端在今北京南站附近的四路通；东城墙在陶然亭公园南北一线上，南端在四路通，北端在今西城区原翠花街附近；北城墙在会城门村东西一线上，东、西端分别与东、西城墙相交于翠花街一带和军事博物馆南的皇亭子（图二）。

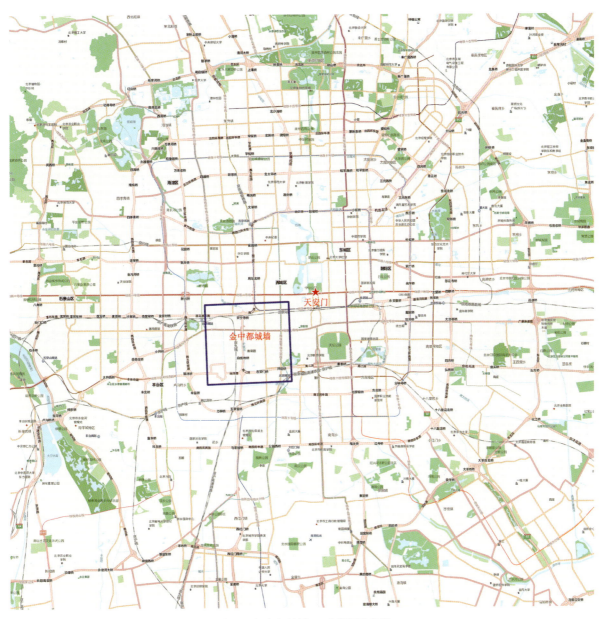

图二 金中都城墙四至范围示意图

---

① 阎文儒：《金中都》，《文物》1959年第9期。

金中都城址所在的区域，西周时期是分封的蓟国属地，蓟城核心区在今广安门一带。春秋战国时期，蓟国被燕国兼并，蓟城随之成为燕国的都城。秦代，于蓟城置蓟县，直至五代，蓟县名不改不移。秦之广阳郡，西汉之燕国、广阳国，东汉之幽州和广阳郡，魏晋之幽州和燕国，北朝之幽州和燕郡，隋之幽州、涿郡，唐之幽州、范阳郡等，皆以蓟县城为治所。五代，后唐节度使石敬瑭割幽、蓟一带贿赂辽朝。辽升幽州为陪都，号南京，又称燕京，于此置南京道、析津府，废蓟县名，先改蓟北县，继改析津县，同时改幽都县（唐废燕州归德郡置）名宛平县。北宋末年，于此置燕山府路、燕山府，析津、宛平县不改。金帝完颜亮扩建辽南京城，并迁都于此，改名中都，置中都路、大兴府，又改析津县名大兴县，领良乡县等。元于金中都东北郊另建大都城后，中都旧城与大都城并存相当长的时间。明代北京城在元大都城基础上加以改造和重建，扩建的外城西半部与之前金中都城东半部有重叠区域。清代北京城沿袭明代。行政区划上，现在的西城、丰台区从金、元、明、清至民国时期一直是大兴、宛平和良乡县治所在地。1952年行政区划调整中成立了西城区、宣武区和丰台区，涵盖了之前大兴、宛平和良乡县治的部分区域[①]。2010年宣武区并入西城区。

# 第二节　金中都城址踏查、考古工作历程

## 一、国外学者的踏查

19世纪晚期，国外学者主要是在对北京城进行实地考察甚或游览中，对金中都城的遗迹有所涉猎，尚没有开展专门针对金中都城址的调查。如1876年俄国学者布莱德修爱尔氏（Bretschneider）的《北京考古历史研究》（*Archaeological and Historical Researches on Peking*）一书对北京周边的一些古迹进行了踏查，其中涉及金中都。1897年法国人樊国梁（Favier）的法文著作《北京：历史的描述》（*Peking: Histoire et Description*），从外国人的视

---

① 内容参照尹钧科：《北京历代建置沿革》，北京出版社，1994年，第196～206页。

角记录和描述了北京城的相关遗迹，其中附有大量的插图和黑白照片①。1899年日本著名的中国史学家内藤湖南根据旅行中国时的记录写成《燕山楚水》一书，其中有关于北京城墙变迁的描述，有文庙中石鼓的流失和在金代流传情况的记述，以及金代创建的寺庙道观等遗迹的少量介绍②。

20世纪初期，国外有学者开始关注北京地区辽金时期的都城遗迹。其中最主要的是1927年日本学者那波利贞到北京做实地调查后，1928年写成的《辽金南京燕京故城疆域考》一文，于1941年被译成中文③。该文认为金中都是在辽南京基础上向东、北两个方向扩展，而西、南两面未动，这一观点在现在看来是不准确的。但是作者以西南凤凰嘴村为基点，结合文献记载和实地踏查，最终勾勒出的金中都城的四至位置是大致正确的。在此之前，还有1924年瑞典人喜仁龙（Osvald Siren）所著英文版《北京的城墙和城门》④（*The Walls and Gates of Peking*）一书，对北京的城墙与城门进行了最为细致和全面的考察。其中记录有金中都城墙与元明清城墙相互关系的考察内容，并且附有金代土城墙的旧照片。

可以认为，这时期国外学者对金中都的踏查是带过性的，是考察明清北京城的副产品，但是其中有关金中都遗迹的一些老照片是非常宝贵的资料，且通过实地考察对金中都的四至范围等都提出了基本可信的依据。只是由于语言上的阻碍，他们很少能结合中国历史文献史料进行考证和研究。其中有少量解读，但也有误读的现象。

## 二、国内学者的考古工作史

国内学者对金中都的考古调查开始于20世纪40年代。对金中都正式、全面的考古勘探工作始于1958年，而正式的考古发掘工作始于1990年。金中都的考古工作历程大致可分为以下三个

① 〔日〕那波利贞著，刘德明译：《辽金南京燕京故城疆域考》，《中和月刊》1941年第2卷第12期、1942年第3卷第1期。

② 〔日〕内藤湖南著，吴卫峰译：《燕山楚水》，中华书局，2007年，第38~41页。

③ 〔日〕那波利贞著，刘德明译：《辽金南京燕京故城疆域考》，《中和月刊》1941年第2卷第12期、1942年第3卷第1期。

④ 〔瑞典〕奥斯伍尔德·喜仁龙著，许永全译，宋惕冰校订：《北京的城墙和城门》，北京燕山出版社，1985年。

阶段。

　　第一个阶段是20世纪40～70年代，是金中都考古工作的起步阶段。通过实地调查、全面的考古勘探和局部试掘工作，基本复原了金中都城的准确位置和四至范围，不仅印证了相关的史料记载，也解决了文献上比如"四子城"等一些史料争议。同时也找到了皇城、宫城的大致位置，并对桥梁、城门、城内道路、中轴线等进行了探索。这些工作为金中都城格局复原奠定了最为坚实的考古基础。

　　20世纪40年代国内学者开始了对金中都城墙遗址的实地调查工作，尤其是对西、南城墙的考察。如1941年崇璋先生[①]对西城墙土城遗迹实地踏查后，绘制了金中都城的推测想象图[②]。1943年故宫博物院王璧文对凤凰嘴一带土城墙进行了调查测绘，考证了这段城墙正处于金中都城的西南拐角处，分别向正北和正东的两个方向延伸，并记录了当时城墙的保存状况。其中凤凰嘴处城墙遗迹保存最好，高5.5～5.7米；向北有长达2320米的土城遗迹，基本与地面持平；向东与万泉寺之间的城墙破坏严重，横剖面近三角形，有的顶宽仅1～2米，底宽30余米，城墙夯层厚17～18厘米，其间包含唐、宋以来的古铜钱、陶瓷碎片等。此次调查也大致勾勒了金中都城的四至，西南角即凤凰嘴村，西北角在羊坊店村及蜂窝村，东南角在右安门外窑岗子处等[③]。

　　1952年北京市文物调查组在陶然亭正北略西处调查时，发现一处金代建筑基址，见有沟纹砖、迦陵频伽瓦等建筑构件、"大定通宝"铜钱以及"贞祐三年"款的"万户所"印等，附近还发现了守城用的石礌等遗物，而在更东面发现了金代墓葬，据此大致推测贯穿陶然亭南北一线应该是金中都的东城墙所在，其外黑阴沟、潘家河沿、梁家园、南柳巷、北柳巷等河、沟地名可能与东墙外护城河有一定关系[④]。之后，1956年为配合永定河引水工程，北京市文物调查组在白云观护城河北岸发现了很多石礌和金代铜钱，证实了金中都北城墙的大致位置[⑤]。

---

① 本报告述及诸多权威的前辈前者，都是颇有建树的先生，为行文简洁，下文不再一一注"先生"二字，特此说明，以表敬意。

② 崇璋：《辽金土城谈》，《中和月刊》1941年第2卷第12期。

③ 王璧文：《凤凰嘴土城》，《文物参考资料》1958年第8期。

④ 周耿：《金中都考》，《光明日报》1953年4月18日第5版。

⑤ 北京市文物工作队：《北京西郊白云观遗址》，《考古》1963年第3期；苏天钧：《金代的中都》，《京华旧事存真（第四辑）》，北京古籍出版社，1997年。

1958年，北京大学阎文儒等对金中都进行了较为全面的考古调查、勘探和测绘工作，撰写了调查报告，并对金中都进行了复原研究，绘制了金中都的第一幅考古草图[1]。这是对金中都开展的第一次正式的考古工作。结果显示，当时外城的西、南城墙还保存着较多的遗迹，而东、北城墙则已经看不到太多痕迹。西城墙尚存的墙体集中在马连道、高楼村、凤凰嘴一带，夯土层较为清晰。南城墙遗迹存在于凤凰嘴村至右安门外大街一带，其中万泉寺一处土城遗迹较为明显，并且发现了疑似南护城河遗迹。在东城墙上仅发现了四路通以北零散的土岭高地。北城墙上主要是在白云观后身发现了建筑基址以及莲花形石幢顶。根据以上范围大致测算了金中都外城墙的周长为18690米，与《明太祖实录》记载的"五千三百二十八丈"相近。此次调查工作还在西城墙上发现了蝎子门遗迹，推测了丰宜门外的新石桥、丰宜门内的龙津桥、宣阳门内的鸭子桥等三座桥址的位置，并将金中都九重宫殿的基址锁定在广安门大街一带，推测了大安殿、应天门遗址的位置，测算了金中都内城范围约5000平方米，与史料记载的"九里三十步"基本吻合[2]。

1965～1966年，中国社会科学院考古研究所徐苹芳等再次对金中都城进行了全面勘测，大致复原和确认了金中都城的基本结构。尤其是对城内西南的路网系统进行了较为细致的勘探工作，探明了外城西南部的东西向大街，大都是一些平行的等距离的胡同，而次要街道则是南北向的。这项工作也对外城的四至、城门的位置进行了勘测和推断，证实了北城墙东门光泰门的存在。同时也对皇城的位置、规模尤其是对大安殿遗址进行了钻探工作，基本判定了金中都的中轴线所在。并对金中都的商业区进行了勘察，认为其位于宫城东北部，大致在今牛街与下斜街和广内大街相交的区域。而在西部和西南部则建有不少寺庙宫观[3]。

1974年北京市文物工作队赵其昌在白云观西发掘"蓟丘"遗址时，与北京师范大学孙秀萍一起义对金中都城的护城河遗迹进行了调查，分别在潘家河沿一带、万泉寺南边的东西洼地、马连道西城墙以西、北城墙会城门旧址的北面发现了疑似金中都东、南、西、北四面护城河

① 阎文儒：《金中都》，《文物》1959年第9期。

② 阎文儒：《金中都》，《文物》1959年第9期。

③ 徐苹芳：《古代北京的城市规划》，《中国历史考古学论丛》，允晨文化实业股份有限公司（台北），1995年，第131～160页。

2010年4～7月，为配合丰台丽泽金融商务区建设，在金中都城址西南部发掘一处兵营遗址，出土的金代铁盔甲在国内尚属首次发现[①]。2012年3～6月，为配合金宫花园工程建设，北京市文物研究所对金中都鱼藻池遗址进行了正式发掘，共发现湖岸6处、岛岸8处以及岛上建筑1处，确认了金中都鱼藻池的确切位置，以及早期鱼藻池的北岸和西南岸，晚期鱼藻池东岸、南岸的位置，为复原金代鱼藻池水系、研究鱼藻池湖岸盈缩变化提供了考古证据。最为重要的是，这次发掘确认了岛的西南界地，厘正了以往鱼藻池上湖心岛的说法，而认为这是一处半岛，鱼藻池水域从营建之初便是马蹄形[②]。

近年来，在配合北京城市基本建设中，北京市考古研究院（原北京市文物研究所）又陆续发掘了万泉寺南城墙和高楼村西城墙遗址、崇效寺塔基遗址、光源里皇家寺院遗址等。且在金中都城内西南、东部和北部陆续发现了大量的房址、灰坑、窖穴、灶址、水井以及不同级别的道路遗迹，构成了多处完整的生活居址，出土了数量众多、种类丰富的瓷碗、瓷盘、瓷枕、红绿彩塑像、黑白围棋子等遗物。根据史料记载，这些地点正处于金中都城美俗坊、东开阳坊、富义坊、南永平坊、开远坊等所在的区域，不同等级的道路可能是这些里坊之间的街巷以及坊内通行的要道，为进一步复原金中都城的结构布局、路网系统提供了更多新素材。此外，还发现了丰富的隋唐、辽代、元代以及明清时期遗存，为深入认识唐幽州、辽南京、金中都、元大都以及明清北京城的城市变迁提供了重要的考古学新依据，是中华民族多元一体格局形成过程的具体体现，也是展示和实证中华文明史、北京地方史的重要内容。

# 第三节　2019～2020年城墙遗址发掘与资料整理情况

2019～2020年金中都城墙遗址考古工作是在北京市委宣传部、北京市文物局、北京市考古研究院（原北京市文物研究所）领导的关心和支持下共同完成的，得到了时任北京市委宣传部

---

① 韩鸿业、冯双元：《丰台区丽泽商务区金代遗址》，《中国考古学年鉴·2010年》，文物出版社，2011年，第138、139页。

② 北京市考古研究院：《金中都太液池遗址2012年度考古发掘简报》，《北京文物与考古（第九辑）》，北京出版社，2022年。

副部长王杰群，北京市文物局局长陈名杰、副局长凌明、时任考古处处长郭京宁，时任北京市文物研究所所长白岩、书记刘文华、副所长魏永鑫、张中华等领导的高度重视和大力支持（彩版一；彩版二；彩版三，1）。时任北京市丰台区文旅局局长樊维、主任李正平以及文物管理所所长麻莉莉等做了大量协调和调度工作（彩版三，2）。两期发掘工作和考古成果得到了靳枫毅、赵福生、魏坚、朱岩石、董新林、岳升阳、刘未等众多专家学者们的悉心指导和检查验收，并获得一致认可（彩版四、彩版五）。发掘期间北京市文物局图书资料中心及天津大学建筑学院同仁们到现场考察、交流（彩版六），北京市考古研究院同事们到工地现场切磋、探讨（彩版七，1）。发掘结束后在现场接受了媒体采访（彩版七，2）。2022年资料整理工作得到了北京市考古研究院院长郭京宁，副院长魏永鑫、张中华、葛怀忠等领导班子的充分信任和全力支持，瓷器和瓷片鉴定得到北京大学秦大树、刘未和北京市考古研究院韩鸿业、李永强等老师的多次指导，期间也得到金中都考古课题组成员孙峥、李永强、韩鸿业、尚珩、王继红、孙浩然等同事的无私帮助。金中都城墙遗址发掘工作由丁利娜任领队（彩版八），孙峥同志参与了前期准备工作，参加发掘人员有马海林、孙建国、席现坤、张淼、段志成、李召民、孙贵彬、毋政通等技师，遗迹照片拍摄由丁利娜负责，现场测绘和三维扫描工作分别由刘振超和刘晓贺负责，遗物照片拍摄由席现坤完成。全部资料整理工作由丁利娜统筹、撰稿，席现坤、刘凤英、王技凡等技师共同参与完成。植物孢粉分析、土壤检测研究分别由我院尹达和吕砚承担，动物骨骼鉴定工作由中国社会科学院考古研究所吕鹏负责。

历经870年的风雨洗礼，目前地表残存的三段金中都城墙遗迹均位于丰台区，分别是西城墙高楼村段、南城墙万泉寺段和凤凰嘴段。2019～2020年的考古发掘是配合丰台区文旅局对金中都城墙遗址的保护和展示工程建设而开展的，分为万泉寺南城墙遗址发掘区（Ⅰ区）和高楼村西城墙遗址发掘区（Ⅱ区），工作分为两个年度完成，分别编号2019FJⅠ、2019FJⅡ、2020FJⅠ、2020FJⅡ，以区分丰台金中都遗址的不同发掘时间和发掘区域。南发掘区（Ⅰ区）北邻中国戏曲学院，东邻柳村路，南邻金中都南路。西发掘区（Ⅱ区）北邻丽泽北路及丽泽雅园小区，东邻高楼村路，南邻丽泽路，西邻北京西站南路（图三）。

2019年8～12月的工作主要是为了掌握金中都城墙遗址地下遗迹的保存状况，采用了探沟发掘法，围绕地表残存的两段城墙遗迹共布设7条探沟，发掘面积900平方米。其中在南城墙

图三　2019～2020年发掘位置示意图

发掘区（Ⅰ区）布设探沟6条，分别是垂直于地上城墙遗迹走向的南北向探沟2019FJⅠT1、2019FJⅠT2、2019FJⅠT3和2019FJⅠT4，以及平行于地上城墙遗迹走向的东西向探沟2019FJⅠT5（城内）和2019FJⅠT6（城外）（彩版九）。在西城墙发掘区（Ⅱ区）布设一条垂直于地上城墙走向的东西向探沟2019FJⅡT1（彩版一○，1）。通过2019年的发掘，了解到两个发掘区地下城墙遗迹遭晚期活动破坏非常严重，又以南城墙发掘区遭破坏最甚，揭露出的断断续续的城墙遗迹有的仅存底部夯土垫层。其中2019FJⅠT1中保存地下城墙遗迹最宽，底部残宽14.6米，2019FJⅠT2中残存地下城墙遗迹最高，残高1.8米，其他四条探沟破坏最为严重，但是在2019FJⅠT4、2019FJⅠT6中揭露的地下城墙遗迹更靠近南端，为寻找城墙遗迹的南边界提供了依据，在2019FJⅠT1～2019FJⅠT4的北端以及2019FJⅠT5内均揭露了部分城内顺城街道路遗存，为寻找城墙遗迹的北边界以及与顺城街道路的交接处提供了可能。相较而言，西城墙发掘区（Ⅱ区）地下遗迹保存状况稍好，在2019FJⅡT1探沟内城墙遗迹基部保存更宽，残宽18.05米，且找到了城墙东边界和东侧顺城街道路的西缘。另在城外17米处发现了护城河的东岸边及晚期排水沟遗迹等。

2020年9～12月的发掘工作是在2019年发掘成果的基础上开展的，共布设探方和探沟27个，发掘面积2000平方米。其中在南城墙发掘区（Ⅰ区）重点选取三个区域布设探方，一是在发掘区西南方位（彩版一一，1），于2019FJⅠT4探沟南段向东南布设2020FJⅠT0201、2020FJⅠT0301、2020FJⅠT0302三个探方，目的是进一步寻找和明确南城墙南缘及其他相关设施；二是在发掘区中北部（彩版一二），于2019FJⅠT2探沟北段向西布设2020FJⅠT0409、2020FJⅠT0410、2020FJⅠT0505～2020FJⅠT0510等八个探方，目的是要进一步揭露南城墙北缘及顺城街道路的布局、结构等；三是在发掘区东南方位（彩版一一，2），于2019FJⅠT6探沟中段向南布设2020FJⅠT0313、2020FJⅠT0314两个探方，目的也是找寻南城墙南缘及相关设施。通过本次发掘，我们明确了南城墙地下遗迹的南、北缘及与城内顺城街道路交接处的结构，通过解剖工作了解了南城墙的基部处理、夯层结构、夯窝规格以及与城内顺城街道路的关系等，但未找到马面等其他遗迹。

在西城墙发掘区（Ⅱ区）重点进行了两个方面的发掘。一是在2019FJⅡT1探沟西部，继续向西布设探方和探沟相结合（彩版一三），目的主要是找寻护城河的西岸边，同时更加明确河内堆积状况。二是在2019FJⅡT1探沟南部，布设2020FJⅡT0213～2020FJⅡT0215、2020FJⅡT0313～2020FJⅡT0317、2020FJⅡT0413～2020FJⅡT0417等探方（彩版一四），根据实际情况局部进行了扩方，目的是找到西城墙的西缘，并进一步明确西城墙东缘与顺城街道路的相互关系。此外，在2019FJⅡT1探沟北部也进行了扩方。通过2020年的发掘，完整揭露了金中都外城的西城墙体系，包括城墙的两个边界、护城河的两个岸边，以及城墙外的马面遗迹和城内的顺城街道路遗迹等，通过解剖工作掌握了西城墙的基部处理、墙体结构、马面形制、护城河堆积以及各遗迹之间的相互关系等。

2019～2020年金中都城墙遗址发掘工作，共揭露各时期遗迹计46处，包括与金中都城相关的金元时期遗迹11处（其中6处地下城墙遗迹、1处马面、1处护城河、3条道路），唐、辽、金末～元和清等其他遗迹35处（其中唐代墓葬1座、辽代墓葬1座、金末～元代灰坑3座、清代道路2条、灰坑10座、墓葬18座）。需要说明的是，两个发掘区现场情况较为复杂，有正在使用的自来水、燃气管道、地下光缆、电缆，也有现状未拆迁完毕的房屋，还有绿化树木等，所以探方与探沟的布设规格不尽相同，2019年布设的探沟最长的80米，最短的25米，最宽的4米，最窄的2米；2020年布设的探方完整的是10米×10米，其他还有3米×10米、5米×10米等不同规格（图四、图五）。

# 第二章　城墙遗址地层堆积

金中都地表以上的城墙遗迹在20世纪初至50年代调查时尚有断断续续较多残存，其中尤以西、南城墙遗迹保存稍好，高达数米（彩版一五）。20世纪80年代调查时地表以上仅存三处城墙遗迹，均位于外城西南区域，1984年公布为北京市文物保护单位，得到了有效保护。其中凤凰嘴南城墙遗迹东西残长约45米，宽约4米，残高约5米（彩版一六，1）；万泉寺南城墙遗迹东西残长约20米，宽约4米，残高约3米（彩版一六，2）；高楼村西城墙遗迹东西残长5米，宽约4米，残高约2米（彩版一七，1）。

2019年正式开展考古工作前，万泉寺南城墙遗迹和高楼村西城墙遗迹周边刚刚完成民宅拆迁工作，原始地表尚有较厚的近现代房屋建筑垃圾（彩版一七，2；彩版一八，1）。2019～2020年的考古工作正是为了配合丰台区文旅局对这两处城墙遗迹进行加固保护而开展的。通过2019年的发掘，得知城墙遗址周边遭到晚期活动的破坏和扰动较大，其中又以南城墙万泉寺段最为严重，有的整条探沟内仅残存零星的一点城墙夯土（彩版一八，2），有的区域甚至墙体下部的地层也所剩无几，现代层的破坏直达最下部的沙土生土层；西城墙遗址夯土残存稍好（彩版一九；彩版二〇，1），虽然上部也有晚期地层的破坏，但整体上各时期地层相对较为完整。2020年通过布设探沟和探方的重点发掘（彩版二〇，2；彩版二一），我们对城墙遗址周边的地层堆积有了较为清晰的认识，通过这些地层堆积与遗迹之间的关系不仅能够看出金中都城墙的起建、使用与废弃的过程，同时对金中都城墙的保存状况，以及金中都城营建之前、废弃之后该地区的历史沿革和城市变迁等情况都有一定的提示作用。

为了尽可能全面反映金中都城墙遗址的全貌，下面将万泉寺南城墙和高楼村西城墙两处遗址的地层堆积按照探沟、探方和发掘年度早晚逐一进行报告。

# 第一节　万泉寺南城墙遗址（Ⅰ区）地层堆积

万泉寺南城墙遗址发掘区域遭到晚期破坏程度参差不齐，地层堆积差别也较大。其中西、南部地层堆积遭破坏最为严重，大面积已被现代建筑基础及近代取土坑破坏、回填，大部分探沟和探方内仅残存两层堆积（如位于发掘区中西部及南部的2019FJⅠT2~2019FJⅠT4南段、2019FJⅠT6、2020FJⅠT0202、2020FJⅠT0301、2020FJⅠT0302、2020FJⅠT0505~2020FJⅠT0510等）。保存相对较为完整的地层堆积分布在该区的东北处（如发掘区最东部2019FJⅠT1探沟北部）。整体来看，万泉寺南城墙遗址的地层堆积大致可分为6层，其中晚于城墙遗迹的地层分别是第1~3层，早于城墙遗迹的地层分别是第4~6层，第3层地层只在局部区域有发现，而第4层堆积分布不均匀，有的探沟未见分布。因为有的探沟遭晚期活动破坏非常严重，并未对探沟进行全面解剖，发掘工作仅停留在金代城墙和城内街道路的层面，早期地层堆积情况只是在晚期坑壁上有显示，而有的探沟限于现场条件未能全部解剖，剖面上未能显示下部地层情况，特此说明。

## 一、2019FJⅠT1地层堆积

2019FJⅠT1探沟位于万泉寺南城墙遗址发掘区的最东部，呈南北向，与南城墙地上遗迹走向相垂直。探沟长45米，宽2.5米，发掘总深度4.2米。该探沟内发掘至金代城墙和路面后，向北进行了扩方，并对整条探沟进行了解剖工作（彩版二二）。地层共分6层，探沟东壁剖面介绍如下（图六；彩版一〇，2）：

第1层：厚1.25~2.8米。根据包含物不同又可分为a、b两层。第1a层：厚0.9~2.1米。为现代垃圾层及房屋基础堆积。含大量煤渣、砖砌基础、水泥路面等。第1b层：厚0.3~0.85米。为黄褐色现代垫土层。土质较为疏松，包含物有少量煤渣、砖块、青花瓷片、白地黑花瓷器残片、青釉瓜棱碗残片、陶片，以及近现代白釉瓷碗残片等。该层下发现的遗迹有2019FJⅠT1L1。

第2层：距地表深1.6~3.3米，厚0.1~0.95米。该层在探沟内北半部及城墙夯土之上有分布，在探沟南部该层明显破坏夯土城墙。土质呈黄褐色，较疏松，含有少量炭灰颗粒、炉渣粒、烧土粒、碎陶颗粒，出土物有较碎的布纹瓦片、沟纹砖残块、绳纹砖残块，青花瓷片，青釉、黑釉、白釉瓷器残片，酱釉、黑釉鸡腿瓶残片等。该层下发现的遗迹有灰坑2019FJ Ⅰ H9，以及夯土城墙遗迹2019FJ Ⅰ T1Q等。

第3层：距地表深1.7～1.8米，厚0～0.7米。该层只在探沟的北半部，即城墙夯土的北侧（城内）有少量发现，在夯土城墙南侧（城外）未见分布。土色呈灰褐色，稍松散、较杂，含大量炭灰、炉灰、红烧土颗粒，少量白灰粒等。出土物有绳纹砖残块、沟纹砖残块、素面砖残块、布纹板瓦、筒瓦残片、红陶片、灰陶片、兽骨等，瓷片有黑釉带系瓷罐残片、青釉瓷片、青釉剔花瓷器残片、白地褐彩瓷器残片、钧瓷残片等。出土铜钱包括开元通宝、大定通宝、天圣元宝、治平通宝、元祐通宝等。该层下发现的遗迹有2019FJ Ⅰ T1L2、2019FJ Ⅰ H4。

第4层：距地表深2.8～3米，厚0～0.2米。该层在探沟内只有少量分布，北侧被2019FJ Ⅰ T1Q、2019FJ Ⅰ T1L 2打破、叠压，仅存局部，南端在2019FJ Ⅰ T 1 Q及第2层下有少量发现，且被2019FJ Ⅰ H9打破。土色为红褐色胶泥块夹杂黄色沙土。土质稍硬，该层相对较为纯净，包含很少的炭灰粒、烧土粒、白灰粒。出土白釉曲腹瓷碗残片等。城墙起建于该层之上。

第5层：距地表深3～3.9米，厚0～0.6米。该层在探沟内分布较均匀，北部被2019FJ Ⅰ H4打破，南部被2019FJ Ⅰ H9打破。土色呈深褐色，胶泥状，土质较硬，较为纯净。含很少炭灰粒。未见遗物。

第6层：距地表深3～3.5米，厚0～0.75米。该层只在探沟中部以北有分布。为青灰色沙质土，土质较硬，纯净。含零星炭灰颗粒等。

第6层以下即为纯净的黄沙层分布，距地表深6.9米左右探至卵石层。

# 二、2019FJ Ⅰ T2地层堆积

2019FJ Ⅰ T2探沟位于万泉寺南城墙遗址发掘区的中部，呈南北向，与南城墙地上遗迹走向相垂直。探沟长38.5米，宽4米，发掘总深度4.1米（彩版二三，1；彩版二五，1）。该条探沟被晚期活动破坏较为严重，地层堆积不连续。该探沟内发掘至金代城墙和路面后，仅对探沟北部进行了解剖。探沟东壁剖面大致介绍如下（图七）。

第1层：厚2.4～3.25米，根据包含物不同又可分为a、b两层。在探沟南部该层下还发现近现代沥青路面。第1a层：厚0.8～3.25米。为深褐色的现代建筑及生活垃圾堆积。第1b层：厚0～1.75米。为黄褐色垫土层。土质疏松，含有较多煤渣、红砖块、铁丝、铜丝、沟纹砖块、白瓷片等。值得注意的是，在该层堆积中出土了完整的釉陶罐、金簪、金戒指、银押发等，推测是清代墓葬2019FJⅠM2被扰乱所致。该层下发现的遗迹有2019FJⅠT2Q、2019FJⅠH2、2019FJⅠM2、2020FJⅠM20。

第2层：距地表深2.4～2.65米，厚0～0.7米。仅在城墙夯土南北两侧残存少量分布。土质呈黄褐色，较疏松，内含木炭颗粒、炉渣颗粒、烧土粒、炭灰粒。出土有布纹板瓦残片、黑釉圈足器底、青花瓷片、酱釉瓷片等。该层下发现的遗迹有2019FJⅠH1。

第3层：距地表深约2.35米，厚0～0.25米。仅在探沟北部有小面积分布，直接叠压在2019FJⅠT2L2路土之上。该层土质呈灰褐色，较松散，含有炭灰颗粒、红烧土、白灰粒等。因发掘面积有限，未发现遗物。

第4层：距地表深约2.5米，厚0～0.3米。因该探沟内近现代堆积较厚，向下扰动文化层较为严重，第4层分布非常不均匀，仅在探沟北部局部有少量发现。城墙起建于该层之上，且局部打破该层。2019FJⅠT2L2叠压于该层之上。

第5层：距地表深约2.65米，厚0.08～0.3米。分布在探沟北半部局部。土色呈深褐色，胶泥状，土质较硬，较为干净，含少量炭灰颗粒。

第6层：距地表深约3米，厚0.55～0.7米。在探沟北半部解剖沟内有揭露。青灰色沙质土层，土质稍硬，且较干净，含少量炭灰粒、石灰颗粒。

第6层以下即为纯净的黄沙层分布，距地表深6.7米左右探至卵石层。


# 三、2019FJⅠT3地层堆积

2019FJⅠT3探沟位于万泉寺南城墙遗址发掘区的西部，呈南北向，与南城墙地上遗迹走向相垂直。探沟长41米，宽2米，发掘总深度3.7米（彩版二三，2；彩版二五，2）。因晚期破坏严重，该条探沟内金代遗存所剩无几。发掘至金代城墙和路面后，仅在探沟南段揭露了早期地层。探沟东壁剖面介绍如下（图八）。

第1层：厚2.8～3.5米，根据包含物不同又可分为a、b两层。在探沟南部该层下还发现有近现代水泥墩。第1a层：厚1.6～3.5米。遍布整个探沟，土质为灰褐色现代建筑和生活垃圾，在探沟自北向南15米处出土一青釉瓷盘残片。部分残存墙体也在该层下显露出来。探沟南部有较大现代坑，向下依次打破第4～6层。第1b层：厚0～1米。仅在墙体南北两侧有少量分布。为黄褐色近代垫土层，土质疏松，内含红砖块、玻璃、塑料、煤渣粒、青花瓷片等。在探沟中部该层下有墙体凸显出来，编号为2019FJⅠT3Q。

第2层：距地表深约3.7米，厚0～0.7米。仅在城墙夯土南侧有少量发现。土质为黄褐色花土，较疏松，包含碎陶粒、木炭粒、烧土粒等。

第3层：距地表深约4.5米，厚0～0.6米。仅在探沟中部和北部有少量分布，并被第1b层打破。土质为灰褐色花土，土质疏松，包含黄沙土块，内含陶片、瓷片、炭粒、烧土粒等。该层下发现的遗迹有2019FJⅠT3L 2。

第4层：距地表深约4.8米，仅在探沟中部有少许分布，厚0.05～0.1米。呈红褐色花土堆积，含黄沙粒较多，土质较硬。

第5层：距地表深约2.95米，厚0.14～0.23米。在探沟南部解剖沟内有发现。土色呈深褐色，胶泥状，土质较硬，含少量炭灰颗粒。

第6层：距地表深约3.17米，厚0.34～0.46米。在探沟南部解剖沟内有揭露。青灰色沙质土层，土质密实，较干净，含少量炭灰粒等。

第6层以下即为纯净的黄沙层分布，距地表深6.1米左右探至卵石层。

## 四、2019FJⅠT4地层堆积

2019FJⅠT4探沟位于万泉寺南城墙遗址发掘区的最西部，呈南北向，与南城墙地上遗迹走向相垂直。探沟长25米，宽2.5米，发掘总深度3.4米（彩版二四，1；彩版二五，3）。因晚期破坏严重，发掘至金代城墙夯土和路面后，向下未做地层清理，在探沟南部对局部夯土进行了解剖。探沟东壁剖面大致介绍如下（图九）。

第1层：厚1.5～2.75米，根据包含物不同又可分为a、b两层。第1a层：厚1.25～2.75米。分布于整条探沟。堆积为灰褐色现代建筑和生活废弃物，在探沟东北角填土中出土147件白色素胎瓷盏。第1b层：厚0～1米。为黄褐色现代垫土层。土质疏松，内含木炭颗粒、煤渣、烧土、白灰粒、植物腐蚀物。出土有红砖块、陶片、瓦片、瓷片、沟纹砖块等。

第2层：距地表深1.7～2.4米，厚0～1米。主要分布于探沟中南部。为黄褐色花土，土质较疏松，内含木炭粒、白灰粒、烧土粒、碎陶粒等。

因探沟内地层被晚期活动破坏尤其严重，清理的城墙夯土2019FJⅠT4Q、城内街道路2019FJⅠT4L2直接叠压在该层下。

# 五、2019FJⅠT5地层堆积

2019FJⅠT5探沟位于万泉寺南城墙遗址发掘区的北侧，南距南城墙地上遗迹8米，且与之相平行。探沟东西向，长54.5米，宽2米，发掘总深度2.8米（彩版二五，4）。因晚期破坏严重，且据现代坑剖面可见金代路面尚存尤薄，发掘至金代路面后，未向下进行全面清理。探沟北壁剖面见图二〇，大致介绍如下。

第1层：厚2～2.6米，根据包含物不同又可分为a、b两层。第1a层：厚1～2.6米，含大量煤渣、炉渣、以及现代建筑垃圾、生活垃圾等。出土有大量的现代白釉碗残片，绿釉建筑构件等。第1b层：厚0～1.1米。为黄褐色现代垫土层。土质疏松，包含少量炭灰、炉渣颗粒、白灰颗粒，出土较碎的红砖残块、现代瓷碗残片，还发现2颗步枪弹头等。该层下发现清代墓葬1座，编号2019FJⅠM1。金代道路局部也叠压于该层下。

第2层：距地表深1.7～2.1米，厚0～0.4米。仅在探沟东部有少量分布。土色呈黄褐色，土质疏松，含少量炭灰粒、红烧土粒、碎陶渣及白灰颗粒等。出土较碎的布纹板瓦、筒瓦残片、青花瓷片、白地黑花瓷器残片等。

第3层：距地表深2～2.05米，厚0.1～0.35米。灰褐色，土质松散，较杂，含有较多红烧土、白灰颗粒等。该层仅分布于探沟内东北角，东部与2019FJⅠT1内第3层堆积相连。出土遗物有金元时期白瓷片、铜钱等。该层下清理出城内街道路，编号2019FJⅠT5L2。

# 六、2019FJⅠT6地层堆积

2019FJⅠT6探沟位于万泉寺南城墙遗址发掘区的南侧，北距南城墙地上遗迹4米，且与之相平行。探沟东西向，长54.5米，宽2.5米，发掘总深度3.5米（彩版二四，2；彩版二六，1）。因晚期破坏严重，发掘至金代城墙夯土后，仅对探沟东段地层进行了解剖。探沟北壁剖面见图二〇，大致介绍如下。

第1层：厚1.3~3.3米，根据包含物不同又可分为a、b两层。第1a层：厚0.85~3.1米。为深褐色现代建筑垃圾和生活堆积层。第1b层：厚0~1.2米。为黄褐色现代垫土层。土质疏松，夹杂较多煤渣、白灰颗粒、碎砖块以及少量炭灰、碎玻璃渣等现代物。在该层下发现灰坑4个，分别编号为2019FJⅠH3、2019FJⅠH5、2019FJⅠH7和2019FJⅠH8。在探沟中西部发现夯土城墙遗迹，编号为2019FJⅠT6Q。

第2层：距地表深1.9~2.5米，厚0~0.8米。仅在探沟内中、西部有分布，部分被第1层下扰坑打破，在探沟中部局部区域该层又直接叠压于夯土城墙遗迹之上。土质呈黄褐色，略疏松，夹杂纯净的黄土块（疑似为扰动夯土）、炭灰、炉灰、红烧土及白灰颗粒等。出土遗物有少量布纹碎瓦片、筒瓦残片、素面砖残块、沟纹砖残块、绳纹砖块，另有青花瓷片、青釉、黄釉瓷片以及"顺治通宝"铜钱等。在该层下发现灰坑1座，编号为2019FJⅠH6。

第3层：在该探沟内未见分布。

第4层：距地表深2.1~2.4米，厚0.2~0.55米。在探沟东部有揭露，呈红褐色，有黏性，夹杂黄色沙土，土质较硬，相对较纯净。包含炭灰颗粒、红烧土颗粒、白灰颗粒等。该层出土遗物有残铁剑、青釉饼足碗、青釉高足盘残片等。

第5层：距地表深2.3~2.5米，厚0~0.5米。土质呈深褐色，较硬，黏性大，呈块状，较纯净。含极少炭灰、红烧土颗粒。

第6层：距地表深约2.7米，厚0~0.6米。为青灰色沙质土，土质较硬，很纯净，未见遗物。

第6层以下即为纯净的黄沙层分布，距地表深6.3米左右探至卵石层。

## 七、2020FJⅠT0202、2020FJⅠT0301、2020FJⅠT0302地层堆积

2020FJⅠT0202、2020FJⅠT0301、2020FJⅠT0302探方位于万泉寺南城墙遗址发掘区的西南部，是紧邻2019FJⅠT4东南侧布设的三个探方，其中2020FJⅠT0302为10米×10米的探方，限于近现代房屋基址的破坏，2020FJⅠT0202布设5米×9米的探方、2020FJⅠT0301布设6.5米×10米的探方。布设此处三个探方的目的是想要找到南城墙的南边界及相关遗迹。但由于被晚期破坏严重，城墙遗迹残存甚少，仅在2020FJⅠT0202探方南侧找到少量城墙夯土，基本确定了南城墙的南边界位置（彩版二六，3）。由于残存的城墙夯土多处又被清代墓葬打破，故未再对城墙夯土进行解剖。2020FJⅠT0301、2020FJⅠT0302的北壁剖面见图二〇，大致介绍地层情况如下。

第1层：厚2.45～3.54米。两个探方均有分布，为现代回填层，包含大量的现代建筑生活垃圾，如红砖块、水泥块、塑料布等。该层下清理出清代墓葬9座，分别编号2020FJⅠM8、2020FJⅠM9、2020FJⅠM10、2020FJⅠM11、2020FJⅠM12、2020FJⅠM13、2020FJⅠM14、2020FJⅠM17和2020FJⅠM18。夯土城墙遗迹也发现于该层下。

第2层：距地表深3.54～3.9米，厚0～1.1米。分布在2020FJⅠT0301西南、2020FJⅠT0302东南及2020FJⅠT0202整个探方。为浅黄色沙质土，土质较致密，包含少量炭灰、红烧土、白灰颗粒。出土灰陶片、红陶片、布纹板瓦残片、白瓷、黑瓷、青瓷残片等，可辨器型有陶罐、瓷碗、瓷盏。

## 八、2020FJⅠT0409、2020FJⅠT0410、
## 2020FJⅠT0505～2020FJⅠT0510地层堆积

2020FJⅠT0409、2020FJⅠT0410、2020FJⅠT0505～2020FJⅠT0510探方位于万泉寺南城墙遗址发掘区的中部偏北，是在2019FJⅠT2、2019FJⅠT3探沟试掘的基础上布设的探方。经清理，于2020FJⅠT0505～2020FJⅠT0510探方北侧的晚期破坏层下发现了城墙夯土基部的垫层及

与城内街道路的南边界相交接区域（彩版二七，1）。2020FJⅠT0505～2020FJⅠT0510北壁剖面见图二〇，大致介绍地层情况如下。

第1层：厚0.8～3.5米，根据包含物不同又可分为a、b两层。第1a层：厚0.26～0.46米。为现代建筑垃圾回填层，部分区域含有沥青路面。第1b层：厚0～1.3米。土色呈黄褐色，土质较硬，干燥，包含煤渣、炉渣颗粒等。出土较多的现代瓷碗残片，偶有较碎的青花瓷片。另出土北宋至明清时期的钱币及可复原的瓷器残件等，包括"至和元宝""元丰通宝""宽永通宝""天启通宝""同治通宝"铜钱、铜扁方、黑釉瓷碗等。

第2层：距地表深0.83～2.86米，厚0～0.18米。该层上层面因被现代破坏而起伏较大，底部较平整。土色呈浅褐色，土质稍硬，包含少量白灰、炭灰、红烧土颗粒。出土较碎的青花瓷片（"大明成化年制"款碗底），辽金时期的白瓷片、青瓷片、黑瓷片以及隋唐时期的白釉、青釉瓷片等。该层下发现金中都的城墙和城内街道路遗迹。

第3层：在该处未见分布。

第4层，距地表深2.25米左右，厚0～0.7米。因南城墙墙体及城内街道路直接叠压在该层上，故未完全揭露，仅在较深的现代破坏坑壁及两个解剖沟内有显露。土色呈红褐色，土质稍硬，较黏。含有零星的炭灰、红烧土颗粒。出土隋唐时期的青釉饼足瓷碗残片、青釉瓷钵残片等。

# 九、2020FJⅠT0313、2020FJⅠT0314地层堆积

2020FJⅠT0313、2020FJⅠT0314探方位于万泉寺南城墙遗址发掘区的东南部，是在2019FJⅠT6探沟试掘的基础上布设的，目的是进一步确认南城墙的南边界及其他相关遗迹。但由于晚期破坏尤为严重，仅在2019FJⅠT6城墙夯土向南延伸的区域发现了保存非常不规整的局部夯土遗迹（彩版二七，2）。由于探方内近现代大型垃圾坑的破坏，向下文化层保存不甚完整，未进行大面积揭露。2020FJⅠT0313、2020FJⅠT0314南壁剖面见图二〇，大致介绍地层情况如下。

第1层：厚1.9～2.3米，根据包含物不同又可分为a、b两层。第1a层：厚1.5～2.1米。为褐色现代垃圾回填层，包含红砖块、炉渣、草木屑、塑料布等。第1b层：厚0.15～0.8米。为黄褐色现代垫土，土质疏松。包含少量的炉渣、白灰墙皮等，出土现代的瓷碗残片，偶有较碎的青

花瓷片、红陶胎绿釉盆残片、白瓷片等。部分城墙夯土发现于该层下。

第2层：距地表深1.9～2.3米，厚0～0.36米。仅在探方的西南部有分布。土色为浅褐色，土质稍硬，包含少量的炭灰、白灰、红烧土颗粒。出土较碎的青花瓷片、青釉瓷碗残片、酱釉瓷缸残片等。在两个探方的中部，该层下发现金中都的夯土城墙遗迹。

# 第二节　高楼村西城墙遗址（Ⅱ区）地层堆积

相对于万泉寺南城墙遗址，高楼村西城墙遗址遭晚期破坏稍小，仅发掘区东南部被近现代建筑基础破坏，其他区域各时期文化层保存相对完整（彩版二六，2）。与万泉寺南城墙遗址所不同的是，高楼村西城墙遗址的文化层堆积大致可以分为5层，第1～5层堆积的内涵、年代与南城墙遗址相同，该区第5层堆积下即为黄色沙石层，缺少的是类似万泉寺南城墙遗址发掘区第6层青灰色沙质土层堆积。2019年探沟发掘与2020年布设探方发掘所取得的地层资料相一致，现以2020年发掘区的地层堆积加以介绍。

2020年布设探方发掘是在2019年探沟试掘的基础上开展的，根据地面现代建筑、树木等实际位置情况，布设大小不等的探方共计12个，其中10米×10米的探方8个，其他最大的探方是10米×8米，最小的探方是10米×1.5米，发掘最深处有3.5米（彩版二八）。2020FJⅡT0506～2020FJⅡT0508、2020FJⅡT0409～2020FJⅡT0417北壁剖面见图二一，大致介绍地层情况如下。

第1层：根据土质土色分为a、b两层。第1a层：厚0.8～1.2米。由现代房基建筑及生活垃圾堆积而成。为浅灰褐色土，土质疏松，包含大量的现代砖块、水泥块、白灰块、煤渣及现代杂物等。第1b层：距地表深1～1.2米，厚0～0.4米。为浅黄褐色土，土质疏松，包含少量的白灰颗粒、烧土粒、炭粒、青砖碎块、零星的瓦片、碎石块等。该层下清理了6座清代墓葬，分别编号2020FJⅡM4、2020FJⅡM5、2020FJⅡM6、2020FJⅡM7、2020FJⅡM15和2020FJⅡM16，并发现2020FJⅡH2、2020FJⅡH3等灰坑，以及夯土城墙和道路2020FJⅡL1等遗迹。

第2层：距地表深1～1.25米，厚0～0.45米。土色为浅灰褐色，土质较疏松，包含烧土粒、炭粒、碎砖渣、陶粒等。出土较少的残瓦片以及瓷片等，瓦片多为布纹板瓦，瓷片以白釉为主，极少的青花、青釉、黄釉瓷片。可辨器形有瓷碗。该层下发现2020FJⅡH1等遗迹。2019年发掘的排水沟2019FJⅡT1G1及墓葬2019FJⅡM3也叠压于该层下。

第3层：根据土质土色可分为两个亚层。第3a层：距地表深1.4米左右，厚0.25～0.4米。土色呈黄褐色，土质较致密，包含烧土粒、白灰颗粒、青砖屑、碎陶粒等。出土遗物丰富，包括残砖碎瓦、瓷片以及陶片。砖为素面和沟纹，瓦片为布纹瓦，瓷片以白釉为主，黑釉次之，还有较少的白釉剔花和钧瓷片，可辨器形为碗。陶片有泥质红陶及灰陶，素面，无可辨器形。另出土"熙宁元宝"铜钱1枚。该层下发现的遗迹有灰坑2020FJⅡH4，以及护城河早期岸边等。第3b层：厚0～1米。土色为灰褐色，土质较硬，包含烧土粒、白灰颗粒、炭粒等。该层遗物较第3a层少，出土少量砖块、瓦片、石块等。瓷片以白釉为主，黑釉次之，另有白釉刻花和褐釉瓷片，可辨器形有碗。

第4层：距地表深1.9米左右，厚0～0.35米。土色为褐色，土质较黏硬，包含较少的料姜石、陶粒、瓷片等。城墙起建于该层之上，且护城河早期岸边从该层面向下挖就。

第5层：距地表2.25米左右，厚0～0.7米。土色为灰褐色，土质较紧密，包含少量的红烧土颗粒、炭粒、卵石等。出土泥质灰陶片，有绳纹、素面两种，可辨器形有陶豆残件。

第5层向下为纯净的沙石层，较厚。探至距地表深6米左右，沙石层未变化。

# 第三节　出土遗物

## 一、西　汉

在西城墙发掘区（Ⅱ区）第5层地层中出土汉代泥质灰陶片少许，可辨器形有陶豆豆盘残片1件。

**陶豆**

1件。残片。2019FJⅡT1⑤：1，仅剩豆盘部分。泥质灰陶。敞口，圆唇，浅曲腹，空柱状豆柄残缺。残高5.5厘米（图一〇，1；彩版六四，1）。

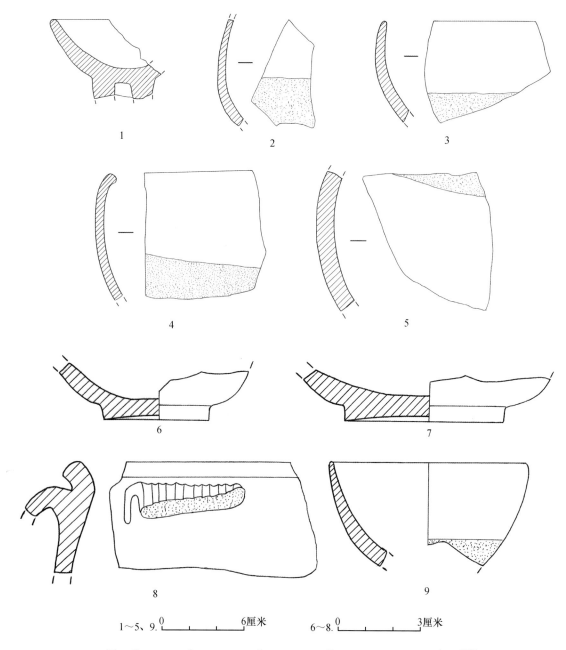

图一〇　2019FJⅠT1、2019FJⅠT6、2019FJⅡT1、2020FJⅠT0505出土器物

1. 陶豆（2019FJⅡT1⑤：1）　2、3、6、7、9. 瓷碗（2020FJⅠT0505②：11、2020FJⅠT0505②：4、2019FJⅠT6③：2、2019FJⅠT6③：3、2019FJⅠT1④：2）　4. 瓷钵（2019FJⅠT6③：1）　5、8. 瓷罐（2020FJⅠT0505②：8、2019FJⅠT1③：8）

# 二、隋、唐

## （一）瓷器

**1. 瓷碗**

青釉饼足瓷碗　7件。

2019FJⅠT6④：1，可复原。敞口，圆唇，曲腹，饼足内凹。青釉，色泛黄，釉下施白化妆土，内满釉，外至腹中部。釉面较粗糙，局部脱釉明显。内底三个乳钉状支垫痕，粉白胎。口径12.3厘米，底径5.9厘米，通高6.4厘米（图一一，4；彩版六四，2~4）。

2019FJⅠT6④：4，可复原。敞口，圆唇，曲腹，饼足内凹。青釉，釉色莹润有光泽。内满釉，外施釉至下腹部，边沿处有流釉痕，内底及流釉处釉呈酱色。内底三个较大支垫痕。灰白夹砂胎。口径11.8厘米，底径5.2厘米，通高7.2厘米（图一一，5；彩版六六，3、4）。

2020FJⅠT0302②：1，可复原。敞口、圆唇、外沿下一周凹弦纹，曲腹，饼足内凹。青釉，色泛黄，内满釉，底有三组六个椭圆形支垫痕，其中一组不明显。外施釉至下腹部，灰白胎。口径9.4厘米，底径4.7厘米，足高0.8厘米，通高5.4厘米（图一一，6；彩版六四，5、6；彩版六五，1）。

2020FJⅠT0410解剖沟④：1，可复原。敞口、圆唇、曲腹，足残。青釉，釉下施白化妆土，内满釉，外施釉至下腹部，边沿处有流釉痕，内底及流釉处釉呈酱色，内壁局部脱釉明显，釉面有细小冰裂纹。青灰胎。口径9.3厘米，底径4.4厘米，通高5.4厘米（图一一，3；彩版六六，5、6；彩版六七，1）。

2019FJⅠT1④：2，残片。残剩口沿及上腹部。敞口，圆唇，弧腹。青釉，釉下施白化妆土。大面积脱釉呈白色，局部黄釉。内满釉，外至腹中部。粉白夹砂胎，胎质略粗糙。口径15厘米，残高7.2厘米（图一〇，9；彩版六五，2）。

2019FJⅠT6③：3，残片。残存底部少许，饼足内凹。青釉，色泛黄，釉下施白化妆土，内满釉，内底见有两个乳钉形支垫痕。青灰胎。残高1.7厘米，底径5.8厘米（图一〇，7；彩

2019FJ I T6③：1，残片。残剩口沿及上腹部分。敛口，圆唇，鼓肩，弧腹。青釉，色泛黄，釉下施白化妆土，内满釉，外至下腹部，口沿处有脱釉。灰白夹砂胎。残宽8.9厘米，残高8.6厘米（图一○，4；彩版六七，6）。

**4. 瓷罐**

青釉瓷罐　1件。

2020FJ I T0505②：8，残片。残存腹部少许。青釉，内外施釉不均，局部露胎。釉面有气泡及冰裂纹，灰白胎，胎体较厚。残宽8.7厘米，残高9.7厘米（图一○，5；彩版六八，1）。

**5. 瓷盆**

青釉瓷盆　1件。

2019FJ I T1③：7，残片。残存口沿部少许。直口，折平沿，方唇。青釉，色泛黄，釉下施白化妆土，釉面有细小冰裂纹，釉厚处呈酱色。灰白粗胎。残长8.9厘米，残高4.9厘米（图一二，3；彩版六八，5）。

## （二）铁器

**铁剑**

1件，残。2019FJ I T6④：2，锈蚀严重，由剑柄、剑格和剑身三部分组成。剑柄残缺，剑格呈椭圆形，剑身呈柳叶状，上宽下窄，中锋，双刃。剑格宽8～10.6厘米，残长54.7厘米（图一二，10；彩版六九，1）。

## （三）建筑构件

**沟纹砖**

采集标本　4件。

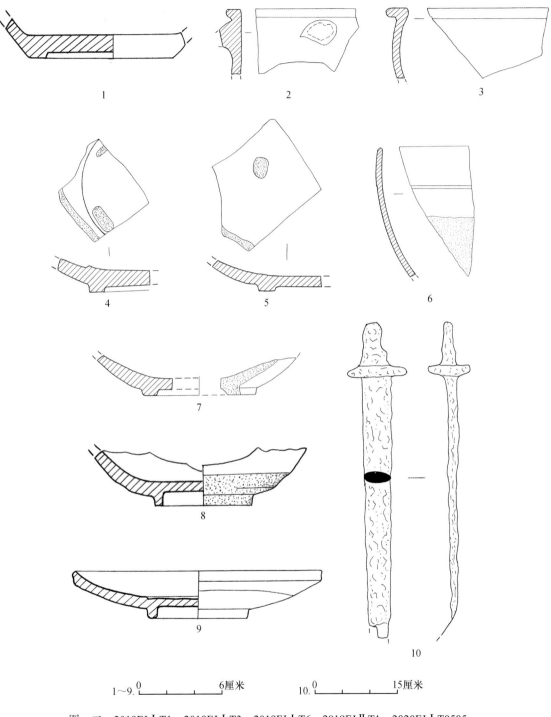

图一二　2019FJⅠT1、2019FJⅠT3、2019FJⅠT6、2019FJⅡT1、2020FJⅠT0505、

2020FJⅠT0509、2020FJⅠT0510出土器物

1.瓷罐（2019FJⅠT1④：1）　2.瓷壶（2019FJⅡT1③a：1）　3.瓷盆（2019FJⅠT1③：7）

4～8.瓷碗（2020FJⅠT0509①b：1、2020FJⅠT0510②：3、2019FJⅡT1③b：1、2020FJⅠT0505②：3、

2019FJⅠT3③：1）　9.瓷盘（2020FJⅠT0505②：1）　10.铁剑（2019FJⅠT6④：2）

2019FJⅠT4①b：24，模制，背面多道细沟纹。残长21厘米，残宽15.4厘米，厚5.7厘米（图一三，5）。

2020FJⅠT0409①b：1，模制，背面饰细沟纹，沟纹较乱。沟纹宽0.3～0.5厘米。残长19.4厘米，宽15.8厘米，厚5厘米（图一三，3）。

2020FJⅠT0409①b：2，模制，背面饰细沟纹，分布较均匀。沟纹宽0.4～0.5厘米。残长15.2厘米，宽15.5厘米，厚5厘米（图一三，2）。

2020FJⅠT0409①b：3，模制，背面饰细沟纹，沟纹凌乱。沟纹宽0.3～0.5厘米。残长6～9.5厘米，宽15.5厘米，厚5厘米（图一三，4）。

## （四）钱币

开元通宝　1枚。2019FJⅠT1③：11，隶书，直读。光背。钱径2.44厘米，穿径0.65厘米，厚0.1厘米（图一三，6）。

# 三、辽　代

## （一）瓷器

### 1. 瓷碗

白釉瓷碗　3件。

2020FJⅠT0509①b：1，残片。残存碗底部少许。宽矮圈足，足底较浅。白釉，内满釉，底部有两个较大椭圆形支垫痕。灰白胎。宽6.6厘米，残高2.3厘米（图一二，4；彩版七〇，1）。

2020FJⅠT0510②：3，残片。残存下腹及底部少许。弧腹，宽圈足，足底较浅。白釉泛黄，釉下施白化妆土，内满釉，有一椭圆形支垫痕。外施釉至腹下部。青灰夹砂胎。残长8.8厘米，残宽7.5厘米，残高2.1厘米（图一二，5；彩版七〇，2）。

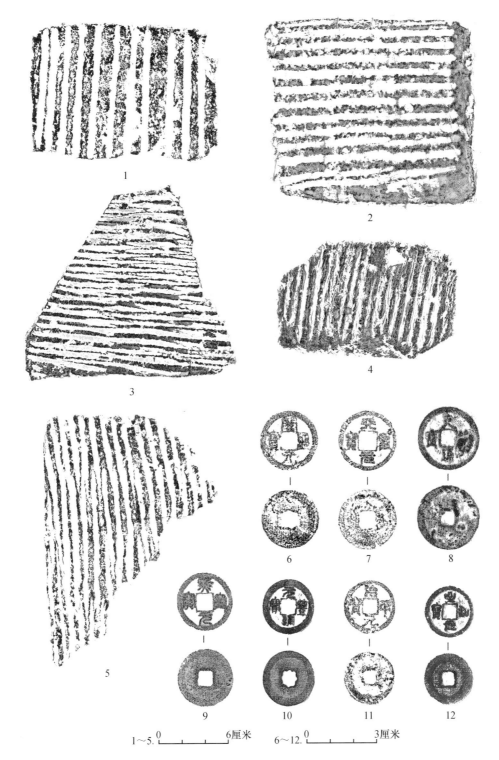

图一三　2019FJⅠT1、2019FJⅠT2、2019FJⅠT4、2019FJⅠT6、2019FJⅡT1、

2020FJⅠT0409、2020FJⅠT0505、2020FJⅠT0508出土器物

1～5.沟纹砖（2019FJⅠT6④：5、2020FJⅠT0409①b：2、2020FJⅠT0409①b：1、2020FJⅠT0409①b：3、2019FJⅠT4①b：24）

6.开元通宝（2019FJⅠT1③：11）　　7.天圣元宝（2019FJⅠT1③：13）　　8.天禧通宝（2019FJⅠT2①b：7）

9.熙宁元宝（2019FJⅡT1③a：3）　　10.元丰通宝（2020FJⅠT0508①b：1）　　11.治平元宝（2019FJⅠT1③：14）

12.至和元宝（2020FJⅠT0505①b：1）

2020FJⅠT0505②：3，残片。残剩下腹及底部少许。弧腹，宽圈足，足底较浅。白釉，内满釉，釉面粗糙，夹砂灰胎，胎体厚重。复原底径8.2厘米，残高2.8厘米（图一二，7；彩版七〇，3）。

**2. 瓷罐**

黑釉瓷罐　1件。

2019FJⅠT1④：1，残片。残剩底部。宽圈足。黑釉，釉面莹润有光泽，内满釉，外至底部。灰白夹砂胎。底径10.4厘米，残高2.4厘米（图一二，1；彩版六八，3）。

## （二）建筑构件

**沟纹砖**

采集标本1件。

2019FJⅠT6④：5，模制，背面饰多道沟纹。残长10厘米，宽14厘米，厚6.2厘米（图一三，1；彩版六九，2）。

## （三）铜钱

共计出土北宋铜钱6枚。

天禧通宝　1枚。2019FJⅠT2①b：7，隶书，旋读。光背。钱径2.58厘米，孔径0.6厘米，厚0.12厘米（图一三，8）。

天圣元宝　1枚。2019FJⅠT1③：13，篆书，旋读。光背。钱径2.5厘米，孔径0.8厘米，厚0.15厘米（图一三，7）。

至和元宝　1枚。2020FJⅠT0505①b：1，篆书，旋读。光背。钱径2.2厘米，穿径0.65厘米，郭宽0.2～0.4厘米，厚0.13厘米（图一三，12）。

治平元宝　1枚。2019FJⅠT1③：14，隶书，旋读。光背，郭缘窄。钱径2.33厘米，孔径0.6厘米，厚0.18厘米（图一三，11）。

元丰通宝　1枚。2020FJⅠT0508①b：1，篆书，旋读。光背。钱径2.3厘米，穿径0.7厘米，郭宽0.3厘米，厚0.15厘米（图一三，10）。

熙宁元宝　1枚。2019FJⅡT1③a：3，篆书，旋读。光背。钱径2.42厘米，孔径0.62厘米，厚0.12厘米（图一三，9）。

# 四、金　代

## （一）陶器

陶盆　1件。残片，仅存底部。2019FJⅡT1③a：2，泥质灰陶，轮制。腹以上残缺，平底。残长6厘米，残高2.5厘米（图一四，8）。

## （二）瓷器

### 1. 瓷碗

白釉瓷碗　5件。

2019FJⅡT1③b：1，残片。残剩口腹部少许。敞口，圆唇，弧腹，外腹上部一周凹弦纹。白釉，釉下施白化妆土，内满釉，外施釉至腹中部。灰白胎。残宽5.2厘米，残高9.1厘米（图一二，6；彩版七〇，5）。

2020FJⅠT0505②：2，残片。残剩下腹及底部少许。弧腹，圈足内浅。白釉，内外满釉，腹部有流釉痕，釉下留制胎时刮削痕。白胎，胎质细腻，胎体较薄。复原底径8.7厘米，残高3.8厘米（图一四，11；彩版七一，2）。

2020FJⅠT0505②：6，残片。残存口沿及少许腹部。敞口，圆唇，卷沿，弧腹。白釉，釉下施白化妆土。灰白胎，胎体较薄。残宽5.5厘米，残高4.8厘米（图一四，3；彩版七一，3）。

2020FJⅠT0510②：2，残片。残存口沿及上腹部。敛口，圆唇。白釉，釉下施白化妆土，灰白胎。口径16.2厘米，残高4厘米（图一四，9）。

#### 6. 瓷器盖

白釉瓷器盖　1件。

2020FJ Ⅰ T0505②：5，残片。顶部残缺，弧形盖身，平折沿，子口内敛。白釉，口及沿下无釉，白胎，胎质细腻，胎体较薄。复原口径12厘米，残高3厘米（图一四，10；彩版七二，2）。

#### 7. 瓷器耳

青白釉瓷器耳　1件。

2019FJ Ⅰ T1③：9，残片。残剩耳部，模印兽面。兽面横眉立目，龇牙咧嘴，须髯如戟。青白釉，细白胎。残长4.3厘米，残宽2.3厘米（图一四，1；彩版七二，3）。

#### 8. 鸡腿瓶

茶叶末釉鸡腿瓶　3件。

2019FJ Ⅰ T1③：1，残片。残剩下腹及底部，斜直腹，平底。内腹凹弦纹。茶叶末釉，釉面粗糙，内底无釉外至足上。夹砂青灰胎，胎质粗糙。底径5.4厘米，残高17.2厘米（图一五，1；彩版七二，4）。

2019FJ Ⅰ T1②：1，残片。残剩下腹及底部。下腹斜直，平底。内满凹弦纹。茶叶末釉，釉面粗糙，内满釉，外至足上。夹砂青灰胎，胎质较粗。残腹径13.6厘米，底径7.6厘米，残高16.4厘米（图一五，2；彩版七三，6）。

2019FJ Ⅰ T1③：5，残片。残剩口沿少许。敛口，方唇，沿下凸起。茶叶末釉，唇无釉。青灰夹砂胎，胎质较粗。残宽5.4厘米，残高7.8厘米（图一五，5）。

酱釉鸡腿瓶　2件。

2019FJ Ⅰ T1③：2，残剩下腹及底部，斜直腹，平底。内外凹弦纹。酱釉，内满釉，外至足上。青灰夹砂胎，胎质粗糙。底径8.6厘米，残高17.6厘米（图一五，3；彩版七三，1）。

2019FJ Ⅰ T1③：3，残剩下腹及底部，斜直腹，平底。内外凹弦纹。酱釉，内满釉，外至足上。青灰夹砂胎，胎质粗糙。底径8.4厘米，残高17厘米（图一五，4；彩版七三，2）。

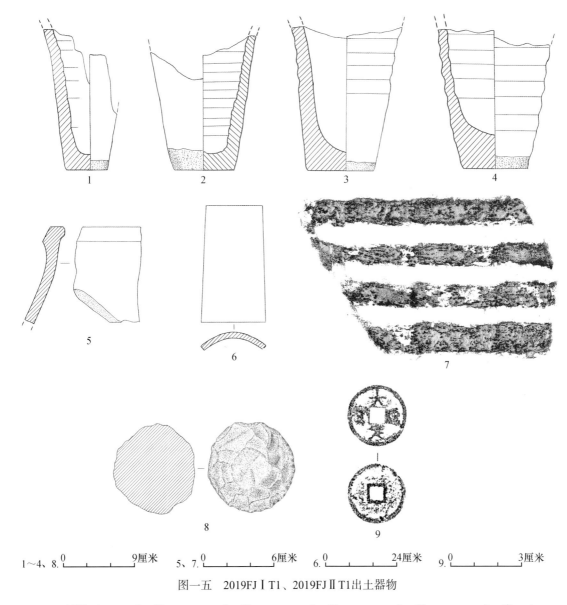

图一五 2019FJⅠT1、2019FJⅡT1出土器物

1~5.鸡腿瓶（2019FJⅠT1③：1、2019FJⅠT1②：1、2019FJⅠT1③：2、2019FJⅠT1③：3、2019FJⅠT1③：5）

6.板瓦（2019FJⅠT1③：10） 7.沟纹砖（2019FJⅡT1③b：5）

8.石礌（2019FJⅡT1③b：4） 9.大定通宝（2019FJⅠT1③：12）

## （三）石器

石礌 1件。2019FJⅡT1③b：4，青石质。近圆形，器表粗糙，坑洼不平，打制痕迹明显。直径10.2~11.2厘米（图一五，8；彩版七三，3）。

## （四）建筑构件

### 1. 板瓦

1件。2019FJⅠT1③：10，灰陶质，模制。前宽后窄，横截面呈四分之一圆形，外素面，内布纹。通长38厘米，宽11.2～20厘米，厚1.6厘米（图一五，6；彩版七三，4）。

### 2. 沟纹砖

1件。2019FJⅡT1③b：5，灰陶质，模制。正面饰三道粗沟纹。残长22厘米，残宽15.6厘米，厚5厘米（图一五，7）。

## （五）钱币

大定通宝　共计4枚，3枚残。标本2019FJⅠT1③：12，仿金体，直读。正背郭缘较窄，光背。钱径2.57厘米，孔径0.7厘米，厚0.19厘米（图一五，9）。

# 五、元　　代

瓷器

### 1. 瓷碗

白釉瓷碗　1件。

2019FJⅠT3③：1，残片。残剩下腹及底部。弧腹，下腹有折棱，圈足内深。内白釉，釉下施白化妆土，釉面莹润，有细小冰裂纹，底部有宽2厘米的涩圈。外壁上部黑釉，大部分已残缺，下半部白釉至腹下部。粉白胎。底径7.2厘米，残高4厘米（图一二，8；彩版七〇，4）。

**2. 瓷罐**

黑釉瓷罐　1件。

2019FJⅠT1③：8，残片。残存口沿部少许。敞口，卷沿，圆唇，直颈，颈部有宽竖桥形耳，已残。耳上有多道竖弦纹。黑釉，釉色莹润，釉薄处呈酱色。灰白胎，胎质细腻。残长7.5厘米，残高4厘米（图一〇，8；彩版六八，2）。

酱釉瓷罐　2件。

2020FJⅠT0505②：9，残片。残存腹部少许。器表满弦纹。内外酱釉，夹砂灰胎，胎体粗糙。残宽4.6厘米，残高5.8厘米（图一六，5）。

2019FJⅠT1③：4，残片。残剩下腹及底部，斜弧腹，圈足内凹。酱釉，内无釉，外至足上，釉面有流釉痕。夹砂灰胎，胎体粗糙。底径6.8厘米，残高9.8厘米（图一六，7；彩版七三，5）。

# 六、明、清

## （一）陶器

### 1. 釉陶罐

1件，可复原。2019FJⅠT2①b：5，直口，束颈，肩部略鼓，斜直腹，平底，上腹凹弦纹。口沿及肩部局部可见酱黄釉，大部已脱落。红陶胎。口径10.1厘米，底径7厘米，通高10.8厘米（图一六，6；彩版七四，1）。

### 2. 釉陶盆

1件，残片。2020FJⅠT0509①b：2，残剩口沿及腹部少许。敛口，折沿，圆唇。斜弧腹存上部少许。口沿及内腹部绿釉。红陶胎。残宽12.3厘米，残高6.4厘米（图一六，3）。

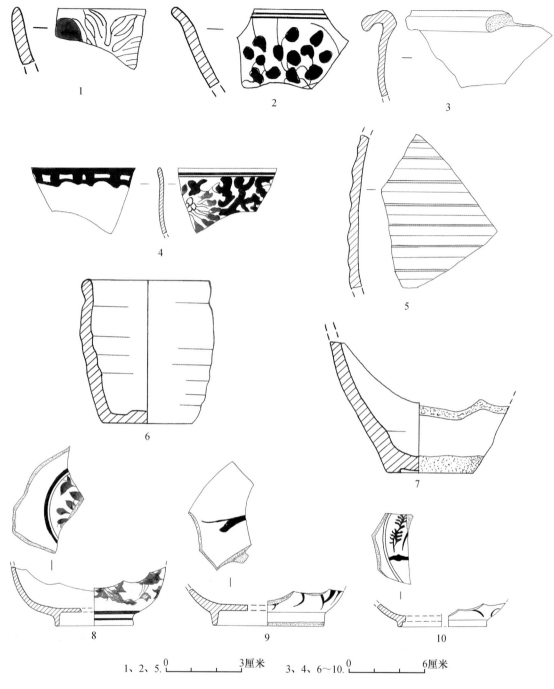

1、2、5.　0　　　　3厘米　　　　3、4、6～10.　0　　　　6厘米

图一六　2019FJⅠT1、2019FJⅠT2、2020FJⅠT0505、2020FJⅠT0509、2020FJⅠT0510出土器物

1. 瓷杯（2020FJⅠT0509①b：5）　2、4、8～10.瓷碗（2020FJⅠT0509①b：6、2020FJⅠT0510②：1、

2020FJⅠT0509①b：4、2020FJⅠT0509①b：3、2020FJⅠT0505②：7）　3.釉陶盆（2020FJⅠT0509①b：2）

5、7.瓷罐（2020FJⅠT0505②：9、2019FJⅠT1③：4）　6.釉陶罐（2019FJⅠT2①b：5）

## （二）瓷 器

### 1. 瓷碗

卵白釉瓷碗　1件。

2020FJⅠT0507②：2，残片。残剩底部及下腹少许。弧腹，矮圈足，内底较深，挖足过肩。卵白釉，内满釉，圈足内壁无釉。灰白胎，胎质细腻。复原底径7.6厘米，残高2.9厘米（图一四，6；彩版七一，5）。

青花瓷碗　10件。

2019FJⅠT3①b：1，残片。残存下腹及底部少许。曲腹，圈足，足内略深，足口内收。白釉泛青，青花暗淡。图案残缺较甚。底径7厘米，残高3.4厘米（图一七，6；彩版七四，2）。

2019FJⅡT1②：3，残片。残存底部少许。圈足内深。白釉泛灰蓝，青花暗蓝。图案残缺不全。底径5厘米，残高2.9厘米（图一七，3；彩版七四，3）。

2019FJⅡT1②：4，残片。残存底部少许。圈足内深。白釉泛灰蓝，青花暗蓝。图案残缺不全。底径6厘米，残高2.3厘米（图一七，4；彩版七四，4）。

2020FJⅠT0509①b：3，残片。残存下腹及圈足部少许。圈足内深，外壁内收。白釉泛灰，青花浅灰蓝。图案不清，可见花卉叶尖少许。残高2.7厘米，复原底径8.7厘米（图一六，9；彩版七四，5）。

2020FJⅠT0509①b：4，残片。残存下腹及底部少许。曲腹，圈足内深，足口内收。白釉泛青，青花较暗。图案可辨内外缠枝花卉纹饰。腹残径11.7厘米，复原底径6.1厘米，残高4.4厘米（图一六，8；彩版七四，6）。

2020FJⅠT0509①b：6，残片。残存少许口沿及上腹部。侈口，撇沿，圆唇。白釉泛青，青花较暗。可见部分缠枝花草纹饰。残宽4.4厘米，残高3厘米（图一六，2；彩版七五，1）。

2020FJⅠT0509②：1，残片。残存底部。圈足外侧内收。外足底隶书"大明成化年制"六字铭文款。底径3.7厘米，残高1.8厘米（图一七，5；彩版七五，6）。

2020FJⅠT0505②：7，残片。残存底部少许。圈足内收。白釉泛灰蓝，青花泛灰。内底部

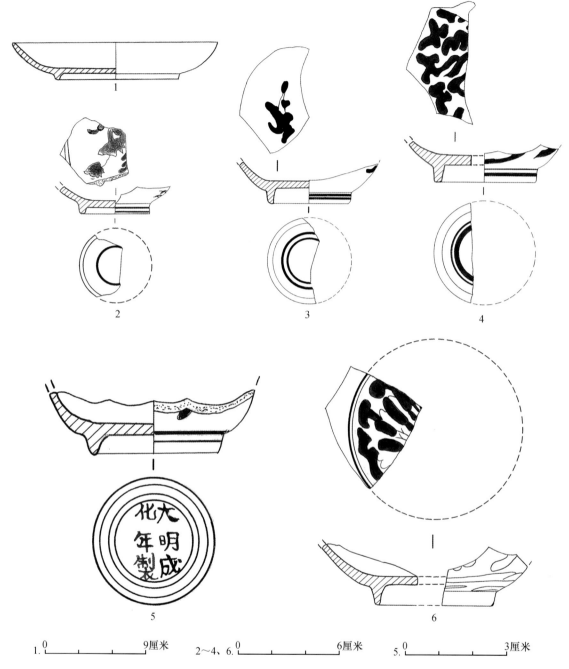

图一七　2019FJⅠT3、2019FJⅠT6、2019FJⅡT1、2020FJⅠT0509、2020FJⅠT0510出土器物

1. 瓷盘（2019FJⅠT6②：3）　2～6. 瓷碗（2020FJⅠT0510②：4、2019FJⅡT1②：3、

2019FJⅡT1②：4、2020FJⅠT0509②：1、2019FJⅠT3①b：1）

海草纹，外部草叶纹。复原底径7厘米，残高1.8厘米（图一六，10）。

2020FJⅠT0510②：1，残片。残存口沿及上腹少许。敞口，圆唇。白釉及青花暗淡。内沿部蔓草纹饰，外海草纹。残长7.9厘米，残高4.9厘米（图一六，4；彩版七五，5）。

2020FJⅠT0510②：4，残片。残存下腹及底部少许。圈足外侧内收。内部饰缠枝花卉纹饰。腹残径6.8厘米，复原底径4.4厘米，残高1.6厘米（图一七，2；彩版七五，2）。

**2. 瓷盘**

青釉瓷盘 1件。

2019FJⅠT6②：3，可复原。敞口，圆唇，浅弧腹，矮圈足内收，足内深。冬青釉，圈足底无釉，釉色莹润有光泽。灰白胎。口径18.6厘米，底径11厘米，通高3.2厘米（图一七，1；彩版七五，3、4）。

**3. 瓷杯**

1件，残片。2020FJⅠT0509①b：5，残存口沿部少许。釉下红彩花卉，可见三片花瓣。残宽3.5厘米，残高2.3厘米（图一六，1；彩版七五，7）。

**4. 瓷盏**

147件，均为素烧小瓷盏，器形一致。侈口，尖圆唇，浅斜腹，饼足内凹。其中22件底部或腹部有墨书符号（彩版七六，1），介绍如下。

2019FJⅠT4①：1，足底隶书"王"字。口径6.5厘米，底径4.6厘米，通高1.6厘米（图一八，1；彩版七六，2、3）。

2019FJⅠT4①：2，足底草书疑似"安"字。口径6.6厘米，底径4.7厘米，通高1.6厘米（图一八，2；彩版七六，4、5）。

2019FJⅠT4①：3，足底草书"荣"字，腹壁草书"□头"二字。口径6.6厘米，底径4.7厘米，通高1.6厘米（图一八，3；彩版七七，1、2）。

2019FJⅠT4①：4，足底草书"友"字。口径6.5厘米，底径4.5厘米，通高1.6厘米（图一八，4；彩版七七，3、4）。

2019FJⅠT4①：5，足凹底描绘疑似太极图形。口径6.5厘米，底径4.6厘米，通高1.6厘米（图一八，5；彩版七七，5、6）。

2019FJⅠT4①：6，足底草书"才"字。口径6.5厘米，底径4.5厘米，通高1.6厘米（图

图一八　2019FJⅠT4出土瓷盏

1. 2019FJⅠT4①：1　2. 2019FJⅠT4①：2　3. 2019FJⅠT4①：3　4. 2019FJⅠT4①：4　5. 2019FJⅠT4①：5

6. 2019FJⅠT4①：6　7. 2019FJⅠT4①：7　8. 2019FJⅠT4①：8　9. 2019FJⅠT4①：9　10. 2019FJⅠT4①：10

11. 2019FJⅠT4①：11　12. 2019FJⅠT4①：12　13. 2019FJⅠT4①：13　14. 2019FJⅠT4①：14　15. 2019FJⅠT4①：15

16. 2019FJⅠT4①：16　17. 2019FJⅠT4①：17　18. 2019FJⅠT4①：18　19. 2019FJⅠT4①：19　20. 2019FJⅠT4①：20

21. 2019FJⅠT4①：21　22. 2019FJⅠT4①：22

一八，6；彩版七八，1、2）。

2019FJⅠT4①：7，足底草书"文"字。口径6.6厘米，底径4.7厘米，通高1.6厘米（图
一八，7；彩版七八，3、4）。

2019FJⅠT4①：8，足底楷书"于"字，腹壁一侧草书"□头"二字。口径6.4厘米，底径4.5厘米，通高1.6厘米（图一八，8；彩版七八，5、6）。

2019FJⅠT4①：9，足底楷书"于"字，腹壁一侧草书"死"字。口径6.2厘米，底径4.2厘米，通高1.6厘米（图一八，9；彩版七九，1、2）。

2019FJⅠT4①：10，足底草书"郎"字。口径6.6厘米，底径4.8厘米，通高1.6厘米（图一八，10；彩版七九，3、4）。

2019FJⅠT4①：11，足底草书"军"字。口径6.5厘米，底径4.8厘米，通高1.6厘米（图一八，11；彩版七九，5、6）。

2019FJⅠT4①：12，足底草书"林"字。口径6.5厘米，底径4.8厘米，通高1.6厘米（图一八，12；彩版八〇，1、2）。

2019FJⅠT4①：13，足底草书"吉"字。口径6.5厘米，底径4.5厘米，通高1.6厘米（图一八，13；彩版八〇，3、4）。

2019FJⅠT4①：14，足底行书"王"字，内底行书"毛"与数字"26"。口径6.8厘米，底径4.8厘米，通高1.6厘米（图一八，14；彩版八〇，5、6）。

2019FJⅠT4①：15，内底草书"田"字。口径6.2厘米，底径4.2厘米，通高1.6厘米（图一八，15；彩版八一，1、2）。

2019FJⅠT4①：16，内底字迹不清。口径6.5厘米，底径4.6厘米，通高1.6厘米（图一八，16；彩版八一，3、4）。

2019FJⅠT4①：17，足底草书"卖"通假字，腹壁书写数字"5"。口径6.5厘米，底径4.5厘米，通高1.6厘米（图一八，17；彩版八一，5、6）。

2019FJⅠT4①：18，内底书写"周"字，余字不清晰。口径6.5厘米，底径4.5厘米，通高1.6厘米（图一八，18；彩版八一，7、8）。

2019FJⅠT4①：19，内底书写阿拉伯数字"50"。口径6.7厘米，底径4.7厘米，通高1.6厘米（图一八，19；彩版八二，1、2）。

2019FJⅠT4①：20，内底书写"4□"。口径6.5厘米，底径4.5厘米，通高1.6厘米（图一八，20；彩版八二，3、4）。

2019FJⅠT4①：21，内底字迹不清晰。口径6.5厘米，底径4.6厘米，通高1.6厘米（图一八，21；彩版八二，5、6）。

2019FJⅠT4①：22，内底字迹不清晰。口径6.7厘米，底径4.7厘米，通高1.6厘米（图一八，22；彩版八二，7、8）。

## （三）金银器

### 1. 金簪

2件。2019FJⅠT2①b：1，簪首掐丝部位已变形，扁方呈弯曲状，下端尖锐。残长11.5厘米（图一九，3；彩版八三，1）。2019FJⅠT2①b：2，簪首掐丝叶片已变形，扁圆簪体，末端尖锐。残长9.2厘米（图一九，2；彩版八三，2）。

### 2. 金戒指

1件。2019FJⅠT2①b：3，扁体，圆箍形活口。戒面中部錾刻花卉图案。直径1.8厘米，通长8.4厘米（图一九，5；彩版八三，3）。

### 3. 银押发

1件。2020FJⅠT0507①b：1，宽扁体，弓背形。背部两端略宽錾刻梅花竹叶纹，外围一周回字纹，内侧有"恒兴""足文"四字。通长11.3厘米，厚0.1厘米（图一九，4；彩版八三，4）。

## （四）建筑构件

### 滴水

1件，残片。2019FJⅡT1①b：1，泥质灰陶，模制。上部连瓦处残缺，正面缠枝菊花。残高14.3厘米，残宽22厘米（图一九，1；彩版八三，5）。

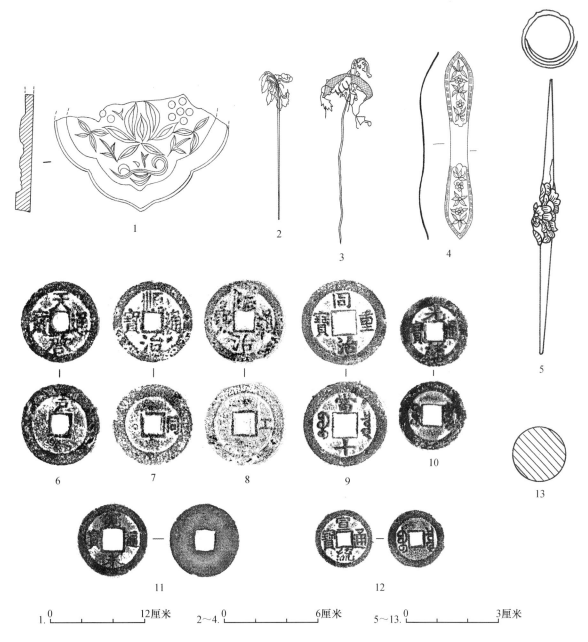

图一九　2019FJⅠT2、2019FJⅠT6、2019FJⅡT1、2020FJⅠT0410、
2020FJⅠT0507、2020FJⅠT0508、2020FJⅡT0317、2020FJⅡT0417出土器物

1.滴水（2019FJⅡT1①b：1）　2、3.金簪（2019FJⅠT2①b：2、2019FJⅠT2①b：1）4.银押发（2020FJⅠT0507①b：1）

5.金戒指（2019FJⅠT2①b：3）　6.天启通宝（2020FJⅠT0410①b：1）　7、8.顺治通宝（2019FJⅠT6②：1、

2019FJⅠT6②：2）　9.同治重宝（2020FJⅡT0417①a：1）　10.光绪通宝（2020FJⅡT0317①a：1）

11.宽永通宝（2020FJⅠT0508①b：2）　12.宣统通宝（2020FJⅡT0317①a：2）　13.白石球（2019FJⅠT2①b：4）

## （五）石器

**白石球**

1件。2019FJⅠT2①b：4，圆球形，通体打磨光滑。直径1.7厘米（图一九，13；彩版八三，6）。

## （六）钱币

共计出土明清时期铜钱9枚。

天启通宝　1枚。2020FJⅠT0410①b：1，楷书，直读。背穿上"户"。钱径2.5厘米，穿径0.6厘米，郭宽0.3厘米，厚0.2厘米（图一九，6）。

顺治通宝　2枚。2019FJⅠT6②：1，方孔圆钱，正面楷书"顺治通宝"四字，直读，钱背穿右侧一"同"字。钱径2.52厘米，孔径0.6厘米，厚0.11厘米（图一九，7）。2019FJⅠT6②：2，方孔圆钱，正面楷书"顺治通宝"四字，直读，钱背穿右侧一"工"字。钱径2.62厘米，孔径0.7厘米，厚0.11厘米（图一九，8）。

同治重宝　2枚。标本2020FJⅡT0417①a：1，楷书，直读。背左右满文"宝泉"，上下"当十"。钱径2.7厘米，穿径0.8厘米，郭宽0.3厘米，厚0.2厘米（图一九，9）。

光绪通宝　1枚。2020FJⅡT0317①a：1，楷书，直读。背满文"宝泉"。钱径2.2厘米，穿径0.6厘米，郭宽0.3厘米，厚0.15厘米（图一九，10）。

宣统通宝　2枚。标本2020FJⅡT0317①a：2，楷书，直读。背满文"宝泉"。钱径1.8厘米，穿径0.5厘米，郭宽0.2厘米，厚0.15厘米（图一九，12）。

宽永通宝　1枚。2020FJⅠT0508①b：2，楷书，直读。光背。钱径2.2厘米，穿径0.7厘米，郭宽0.2厘米，厚0.15厘米（图一九，11）。

# 第四节 地层年代推断

2019～2020年两个发掘区的地层大致可分为六层，城墙墙体始建面以上有三层（第1～3层）文化堆积，墙体以下有三层（第4～6层）文化堆积。其中南发掘区（Ⅰ区）第3层仅在局部区域有发现，第4层分布不均匀，个别区域未见。西发掘区（Ⅱ区）未见第6层。其他地层在两个区的分布情况基本相对应，出土遗物面貌也基本一致。

第1层为近现代生活垃圾层，又分为上部明显的房屋建筑基础和下部浅黄褐色生活堆积层，出土大量早期遗物，还有近现代生活用具等。该层下发现的遗迹数量较多，均为晚期道路、灰坑和墓葬，出土青花瓷片以及"乾隆通宝""光绪通宝"等铜钱。由于晚期破坏活动较为严重，局部区域金代城墙和顺城街道路遗迹直接叠压于该层下。

第2层为黄褐色土层，土质疏松，出土遗物除了早期的陶、瓷片，还有少量明末清初及清代中晚期的青花瓷片、"顺治通宝"铜钱等。该层下叠压的遗迹有清代的灰坑和墓葬，如2019FJⅠH6、2019FJⅠH9、2019FJⅡM3等，除出土早期白釉、青釉、酱釉瓷片外，还有少量青花瓷片，墓葬中出土晚期的银簪、银耳环、料珠、"乾隆通宝"铜钱等。故将该层的年代定为清代。

第3层为灰褐色土层，土质松软，出土遗物丰富，包括白釉刻花、剔花瓷片、黑釉带系瓷罐残片、青釉剔花瓷器残片、白地黑花瓷器残片、钧瓷残片；红陶片、灰陶片；绳纹砖、沟纹砖、素面砖残块、布纹板瓦、筒瓦残片；"大定通宝""天圣元宝""治平通宝""元祐通宝"等宋金时期铜钱；以及少量动物骨骼等。层位上看，南发掘区（Ⅰ区）该层分布于夯土城墙的北侧（城内），且叠压于顺城街道路遗迹之上。开口于该层下的灰坑2019FJⅠH4出土定窑、磁州窑等白釉瓷碗、瓷盘、景德镇窑青白釉瓷碗残片，以及青釉饼足瓷碗和"官"字款沟纹砖建筑构件等，还有"天禧通宝""天圣元宝""元丰通宝""元祐通宝"等北宋铜钱。在西发掘区（Ⅱ区）城墙西边界发现有第3a、3b层打破城墙夯土的情况，且第3a层叠压于护城河早期岸边之上。故初步推测第3b层的年代可能在金末至元初之时，第3a层年代大致在元代。综合以上考虑，将第3层年代定为金末至元代。

（编号2020FJⅠT0202、2020FJⅠT0301、2020FJⅠT0302Q）与2019FJⅠT4Q属于同一处遗迹；2020FJⅠT0409、2020FJⅠT0410、2020FJⅠT0505～2020FJⅠT0510探方内发现的城墙夯土（编号2020FJⅠT0409、2020FJⅠT0410、2020FJⅠT0505～2020FJⅠT0510Q）与2019FJⅠT2Q属于同一处遗迹；2020FJⅠT0313、2020FJⅠT0314探方内发现的城墙夯土（编号2020FJⅠT0313、2020FJⅠT0314Q）与2019FJⅠT6Q属于同一处遗迹；2020FJⅡT0215、2020FJⅡT0315～2020FJⅡT0317、2020FJⅡT0415～2020FJⅡT0417探方内发现的城墙夯土（编号2020FJⅡT0215、2020FJⅡT0315～2020FJⅡT0317、2020FJⅡT0415～2020FJⅡT0417Q）与2019FJⅡT1Q属于同一处遗迹。综上，2019～2020年共发现地下城墙遗迹按6处计。但是为了便于全面展示城墙保存状况、揭示城墙的形制结构，也利于行文方便，以下在介绍这些城墙遗迹时遵照了发掘时的探沟、探方等单位编号，并按年度早晚进行依次介绍。

# 一、南城墙遗迹

万泉寺南城墙遗址发掘区（Ⅰ区）2019～2020年发现的5处城墙遗迹中，连续的城墙基部最宽处残存仅14.6米（2019FJⅠT1Q），城墙遗迹保存最高处约1.84米（2019FJⅠT2Q），其他几处城墙遗迹仅残存2～4层夯土，残高0.1～0.4米。2019年的发掘在多条探沟（2019FJⅠT1、2019FJⅠT3、2019FJⅠT4）内找到了南城墙的北边界，以及与城内街道路2019FJⅠL2的相交接处。2020年在2020FJⅠT0202探方内找到了南城墙的南边界，从而基本确认了南城墙遗迹的基部宽度为24.5米。

## （一）2019FJⅠT1Q

2019FJⅠT1Q分布于探沟的中部，夯土区域北距探沟北壁8.4米，夯土上部距现地表深1.98米，底部距现地表深约3.04米（彩版二九，1）。城墙夯土南北端保存不一，北边界较为完整，叠压于城内街道路2019FJⅠL2南端之下，夯土南端被第2层堆积破坏至底部（图二二）。

城墙夯土上部南北残宽12.9米，底宽14.3米，残存最高处约1.1米，夯土垫层底宽14.6米。残存夯层7～11层，不同部位的夯土厚薄不均，5～15厘米不等，夯土底部从剖面看明显呈北低

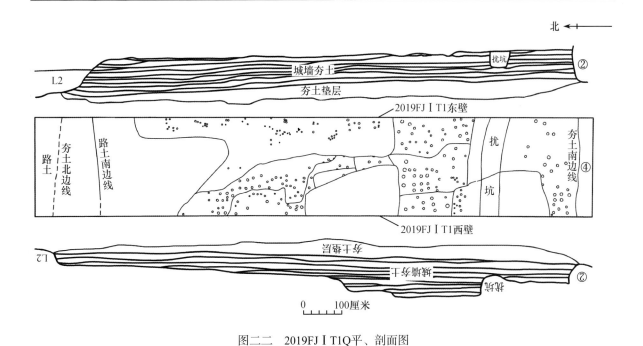

图二二　2019FJⅠT1Q平、剖面图

南高状。城墙夯土上、下用土有差异，上部4层夯土为浅黄色沙质土，夯土内包含料姜石，且明显夹杂红褐色钙化水锈，在夯土的部分夯层面上也能清理出红褐色水锈层，夯层界面特别清晰，手铲轻轻剥离便能把夯面清理出来。夯土下部呈黄褐色，含沙量明显少于上部，且红褐色钙化水锈层相对较少（彩版二九，2；彩版三〇，1）。夯窝在不同夯土层位大小、深浅、分布不均，排列不甚规整，大夯窝的直径3～10厘米，窝底较深，3～4厘米，小夯窝的直径2厘米左右，较浅，约1～2厘米。夯土上层的夯窝相对清晰，尤其是在水锈层上清理出的夯窝脱边特别明显，夯窝底部圆滑，边界清晰（彩版三〇，2）。而下部夯层基本未清理出明显的夯窝痕迹。

夯土城墙底部有一层厚薄不均的褐色垫土，厚约0.15～0.5米，褐色垫土下部不甚规整，但垫土上部较为平整，未见明显夯层。垫层两端有向下打破第4层土的迹象，应该是夯筑城墙时找平地面有意而为。

该探沟夯土内包含很少的炭灰、烧土、白灰粒以及极少的较碎的布纹板瓦残片、夹砂红陶片、灰陶片、白釉瓷瓶口沿残片、青釉瓷碗残片等。

## （二）2019FJⅠT2Q

2019FJⅠT2内夯土城墙遗迹（Q）在探沟北部和南部均有发现（图二三）。

北部夯土距离探沟北壁9米，上部被近现代垃圾沟破坏，现存最高处距地表深1.5米。该处夯土上部南北宽1.86～2.45米，基部最宽处有8.2米，残高1.84米。该处夯土土质为浅黄色沙性土，土质坚硬、干净，从两侧破坏面上看，夯层清晰，层厚8～16厘米，现存夯土表面夯窝明显，夯窝直径5～11厘米，窝深5厘米，清理时夯窝脱边明显，边缘平整光滑（彩版二九，3）。在该处夯土的北侧发现有不规则的后期补筑痕迹。后补的夯土用土明显较杂，土色呈灰褐色，含有较多炭灰、白灰、红烧土颗粒等。城墙夯土外侧的堆积层内掺杂较多的夯土块，边缘处发现有较大面积倒塌的夯土堆积（彩版三一，1），坍塌夯土内还可清理出倒置或斜置夯窝痕迹（彩版三一，2）。

限于工期和现场情况，2019年仅对该处夯土墙体的北部与城内街道路之间的区域进行了

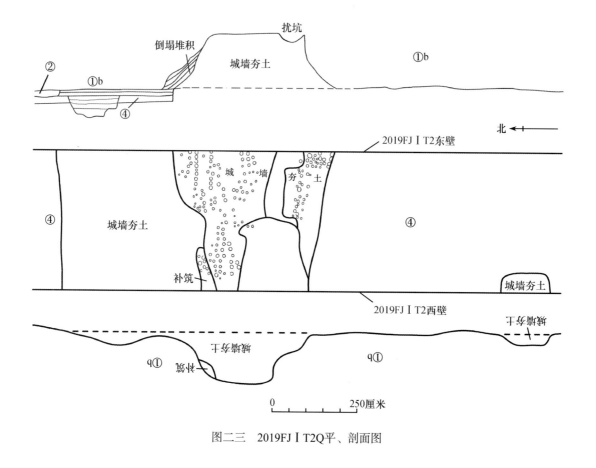

图二三　2019FJⅠT2Q平、剖面图

局部解剖。从解剖沟的东壁看，最北端残存的两层夯土下有一条南北宽1.65米，深0.68米的东西向小沟槽，槽内填土较夯土颜色略深，呈红褐色，土质密实干净，大致可分3层，底部不平（彩版三二，1）。该处沟槽疑为夯筑城墙时，因底部高低不平，平整夯土底部所形成的。

南部夯土距离探沟南壁15米，与北部夯土南缘相距约5.65米，由于遭晚期破坏严重，夯土上层面距地表深2.46米。残存夯土墙体南北宽约1.4米，残高0.55米，残存夯层2层。该处夯土为浅黄色沙性土，与北部墙体夯土一致。

据该探沟内两处断续的夯土墙体，可复原城墙基部最宽处为14.45米。在南北断续残存的城墙之间，发现一座唐代砖室墓，该墓被近现代垃圾层打破，墓口已无存，墓口上方的夯土也被毁殆尽，但是从城墙的走向和分布看，该墓原本当是叠压于夯土城墙之下。2020年正式发掘时对其进行了清理，编号2020FJⅠM20。

该探沟南、北两处城墙夯土中，仅在北侧解剖墙体时出土少量白釉、青釉瓷碗残片、绳纹灰陶片等。

## （三）2019FJⅠT3Q

2019FJⅠT3内夯土城墙遗迹（Q）主要集中在北部，距探沟北壁7.5米，遭晚期破坏严重，叠压于第1层下，距地表深2.5~3.1米（图二四）。

夯土北边界与城内街道路2019FJⅠL2相接，南部被晚期扰坑打破，边界不清。残存夯土上

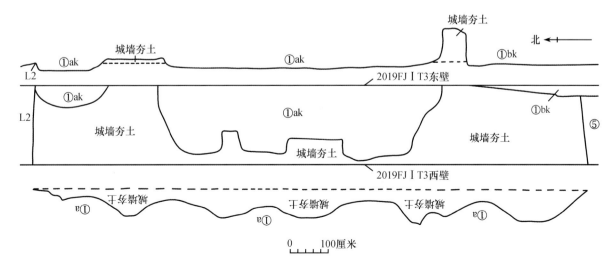

图二四　2019FJⅠT3Q平、剖面图

部高低不平，南北残宽14.5米，残高0.15～0.9米。墙体采用黄沙土夯筑而成，土质硬实，内含陶粒、炭粒等，夯层明显，残存4层，层厚15～16厘米，层面未见明显夯窝痕迹（彩版三二，2）。

## （四）2019FJ Ⅰ T4Q

2019FJ Ⅰ T4内夯土城墙遗迹（Q）位于探沟的中部，距探沟北壁9.5米，遭晚期破坏严重，上部被第1层打破，两侧均被第2层打破，现存夯土最高处距地表深2米，顶部因被近现代垃圾坑打破，残存顶面起伏不平，南北残宽13.2米，残高0.2～0.8米（图二五；彩版三三，2）。

该探沟内夯土表层为黄色沙质土，局部呈红褐色或青灰色，夯土内包含水锈、炭粒、烧土粒等，土质密实，夯层明显，现存9层，层厚8～15厘米。夯层表面夯窝分布不均，中部夯窝痕迹清晰可见，夯窝直径为8～14厘米，深1～2.5厘米，均为圆形寰底夯窝，窝壁光滑（彩版三三，1）。但西南和东北区域未见明显夯窝痕迹。

在南部近现代垃圾坑（K）的西北侧，对探沟内南端的城墙夯土进行了局部解剖。在夯土底部发现了局部沟槽痕迹，叠压于两层夯土层下，南北宽约1米，深0.4米。沟槽内夯土呈青灰色沙质土，未见明显夯层（彩版三三，3）。在南端夯土上部的扰乱层中可见城墙坍塌土，呈北高南低状，土质为青灰沙质土，疏松，内含木炭粒、植物腐朽物等，出土沟纹砖1块，素面砖5块，布纹瓦残片1块等。

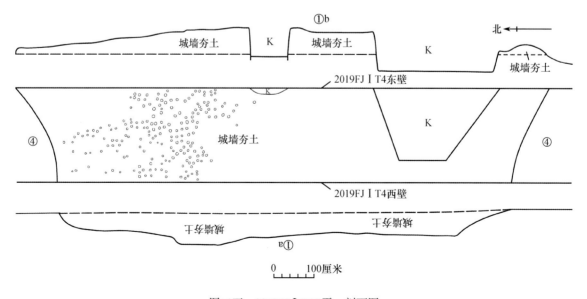

图二五　2019FJ Ⅰ T4Q平、剖面图

该条探沟内城墙夯土中出土白釉、青釉、黑釉瓷片等遗物。

## （五）2019FJⅠT6Q

2019FJⅠT6内夯土城墙遗迹（Q）位于探沟的中部，东端距探沟东壁22米，遭破坏较严重，叠压于第1层下，现存夯土墙体上部距地表深1.3米（图二六）。

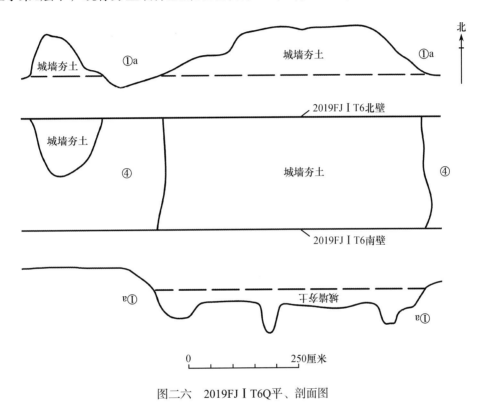

图二六　2019FJⅠT6Q平、剖面图

夯土东西两端已被晚期扰坑破坏，南北两端均向外延伸至探沟外，已揭露部分东西残长9米，宽2.5米（彩版三四，1、2）。城墙遗迹残高0.2～1.05米，用浅黄色沙质土夯筑，夯层明显，夯窝清晰，夯层厚约10厘米，夯窝直径3～8厘米（彩版三四，3；彩版三五，1）。

## （六）2020FJⅠT0202、2020FJⅠT0301、2020FJⅠT0302Q

该区域发掘的城墙遗迹与2019FJⅠT4Q的东南部相接。城墙墙体基本被近现代活动破坏殆尽，大面积的现代坑和房屋基址打破墙体及其下地层，直至生土。残存的少量城墙夯土断续分布于2020FJ I T0202、2020FJ I T0301和2020FJ I T0302探方内，叠压在第1层下，最高处距地表深2.85米（图二七）。

2020FJ I T0202、2020FJ I T0301和2020FJ I T0302探方内断续残存的夯土南北总宽度为13.5米。其中在2020FJ I T0202、2020FJ I T0302探方内只残存夯土的最底部垫层，清理时从土色已很难判断出夯土，只是从土质硬度及密度上尚能辨识出夯土的迹象。在2020FJ I T0301探方的西北部，夯土最厚处尚存0.8米，夯层可见8层，层厚5～15厘米不等。在2020FJ I T0202探方内残存断断续续的夯土，南部被数座清代墓葬打破后，在墓壁剖面上尚能看到夯土的痕迹，大致可判断出夯土的南边界。

找到城墙夯土的南边界后，结合2019FJ I T4内清理出的城墙北边界，大致测量出万泉寺南城墙遗迹的总宽度为24.5米，与高楼村西城墙遗迹的宽度基本相同。

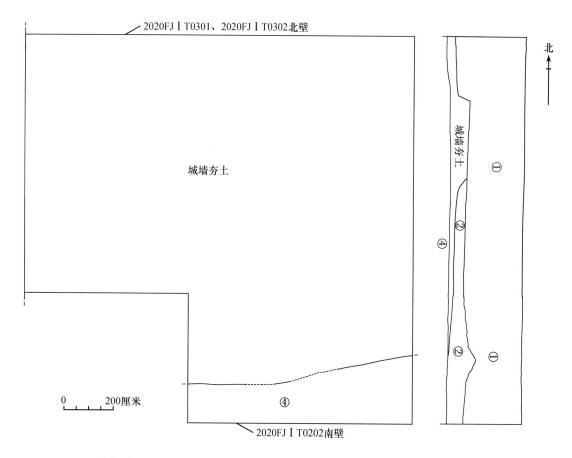

图二七　2020FJ I T0202、2020FJ I T0301、2020FJ I T0302Q平、剖面图

## （七）2020FJⅠT0409、2020FJⅠT0410、2020FJⅠT0505～2020FJⅠT0510Q

该区域发现的夯土墙体主要集中在2020FJⅠT0409、2020FJⅠT0410探方北部，最高处残存1.8米，夯土顶部距地表深0.4米；2020FJⅠT0505～2020FJⅠT0510探方南部的夯土仅存最下部垫层，厚0.1～0.2米，由于遭晚期破坏严重，顶部距地表深2.3～2.5米不等（图二八；彩版三五，2）。需要说明的是，由于局部扩方等原因，该区域揭露的城墙夯土与2019FJⅠT2Q有部分重合，但因揭露的夯土并不在同一个层面，且遭晚期破坏情况有所不同，故此处夯土情况与2019FJⅠT2Q不尽相同。图四、图二〇所示区域的夯土均为本次发掘的情况。

2020FJⅠT0409、2020FJⅠT0410探方内残存夯土较为连贯，清理东西长20米，两端分别延伸至探方外（彩版三六，1）。夯土墙体顶部被深浅、宽窄不等的现代坑及水沟破坏，南北残宽2.35～5米（北侧有宽0.1～0.8米的后期补筑夯土），底宽4.2～6.9米，下部的夯土垫层与北侧2020FJⅠT0505～2020FJⅠT0510南部残存的夯土垫层相接。夯土墙体南端被第1b层破坏。该处城墙遗迹最高处有1.8米，顶部剥离现代破坏层后，夯窝非常清晰，尤其在2020FJⅠT0409西北和2020FJⅠT0410东北部分布特别整齐，夯窝较大，直径10～12厘米，深5～8厘米，一平方米内大致有夯窝六排六行，约36个（彩版三六，2；彩版三七，1）。清理出的夯窝壁面光滑清晰，大部分夯窝还可清出两层夯面，应为重复施夯所致。2020FJⅠT0409和2020FJⅠT0410中部夯窝较为零散，小的直径3～5厘米，深3～5厘米不等，个别只见深2～3厘米的小窝层面。清理出的夯窝有圜底和尖底两种，应为不同夯具施夯而成。

在2020FJⅠT0409～2020FJⅠT0509探方东壁对该处城墙墙体进行了解剖（JP1），剖面AA′显示，残存夯土墙体呈梯形，底宽上窄，顶宽2米，底宽5.15米，残高1.7米，夯土垫层底宽10.4米（彩版三七，2、3；彩版三八，2、3）。夯层共分15层，每层厚5～15厘米不等，其上部两层夯土为红褐色胶泥土掺杂沙质颗粒土的花土，质地坚硬，层面上夯窝清晰，清理时有的可一次性揭起半圆球状的夯窝内填土块。第三层夯土，土质较杂，为浅黄色沙质土掺杂褐色土，含大量炭灰、红烧土颗粒等。第四、五层为浅黄色的沙质土，土质较为纯净，含有较少的炭灰、烧土、白灰颗粒等。第六～八层为浅灰色沙质土，较纯净，含零星的炭灰及白灰颗粒。

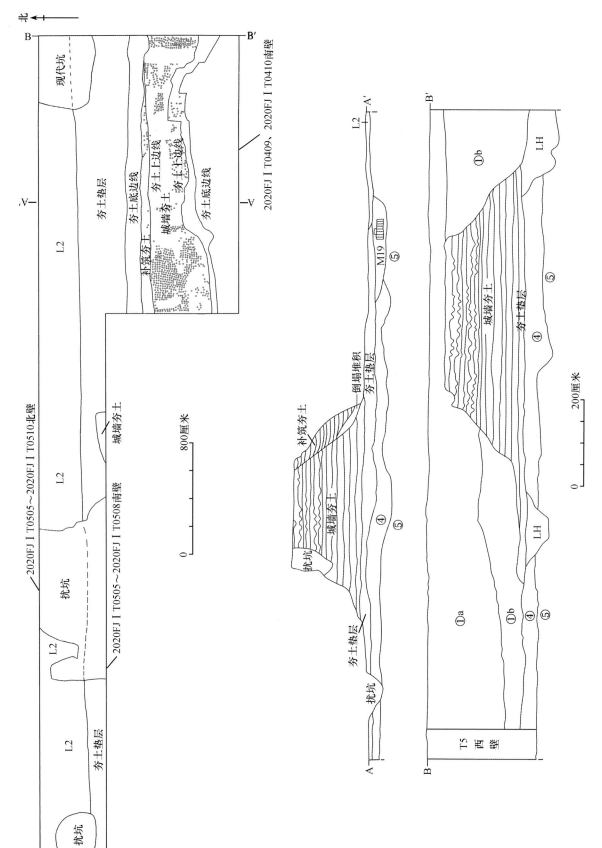

图二八　2020FJ I T0409、2020FJ I T0410、2020FJ I T0505～2020FJ I T0510Q平、剖面图

第九层以下夯土土质较纯，为浅黄色沙质土，含有很少的炭灰颗粒等。从夯层结构看，夯层六层以上层面清晰，而且层面上夯窝明显，六层以下夯层层面平整，没有明显夯窝迹象，而且越向下夯层越厚，初步推测当时局部可能是用平夯法夯筑而成。在夯层底部还有一层厚0.1～0.35米不等的浅红褐色的垫土层，土质稍为疏松，含有零星的红烧土、炭灰颗粒，并掺杂浅黄色沙质土颗粒。垫层上部较为平整，下部与第4层地层的交界面有起伏，推测当是修筑南城墙时的平整层。

在2020FJⅠT0409、2020FJⅠT0410残存夯土的顶部与墙体剖面上清晰可见城墙后期补筑的迹象。在夯土墙体的北部（城墙内侧）发现宽0.1～0.8米不等、呈西宽东窄长条状的后期补筑夯土，西端沿原墙体夯土延伸出探方，东至距2020FJⅠT0410探方东壁1.8米处消失，清理长度东西17.5米。补筑夯土与原墙体夯土衔接处为斜坡状，上部直接贴在原墙体上，顶部最宽处有0.8米，下部有一层厚0.15米左右的浅黄色接近原墙体土色的堆积层，推测为原墙体塌落后未清理干净而直接在其上二次补筑。补筑夯土高约1.4米，大致可见13层夯层，每层厚薄不均，约10～20厘米。揭露面上清理出较为稀疏的圆形圜底夯窝，清理时夯窝窝壁较为光滑平整，直径5～8厘米，深3～4厘米（彩版三八，1）。补筑夯土的质量明显不如原墙体夯土，土色较杂，呈浅褐色花土，含有较多的炭灰、炉灰、白灰、红烧土颗粒。出土较碎的黑瓷片、白瓷片、陶片及残碎的布纹瓦片等，另出土一枚残"开元通宝"铜钱。

2020FJⅠT0505～2020FJⅠT0510探方已揭露区域仅残存夯土底部垫土，南北宽1.1～4.1米不等，厚0.1～0.2米，北端与城内街道路2019FJⅠL2南端正好相接。只有2020FJⅠT0506西南角和2020FJⅠT0507东南角在底部垫层上尚残存0.1米厚的夯土层。

为了对墙体结构有充分的认识，我们在2020FJⅠT0410～2020FJⅠT0510探方东壁也对这处墙体进行了解剖（JP2），剖面BB′显示，城墙顶部距现地表0.4米，墙体呈梯形，残高1.85米，底宽上窄，顶宽3.4米，底宽8.4米，夯土垫层南北宽约9.9米（彩版三九）。可见夯层14层，夯层厚5～18厘米不等。夯土土质与西侧解剖沟内相同，墙体夯层特征一致，上部六层夯层面间的夯窝痕迹较为明显，下部夯层面较为平整，基部垫层稍薄，约0.07～0.15米。该处墙体南北两侧未发现二次补筑迹象。且在夯土底部浅红褐色垫层下发现2处早期灰坑，打破第4层土，灰坑内填土较杂，发现动物骨骼、黑色炭灰粒、碎瓦片等物。动物骨骼经鉴定有马的右掌

色沙质土的现象较为明显。数量最多的夯窝直径5～8厘米，夯窝深2～3厘米，这种规格的夯窝在2020FJⅡT0215探方东北部、2020FJⅡT0315探方西南部、2020FJⅡT0316探方大部分区域、2020FJⅡT0317探方西南部、2020FJⅡT0415探方南部、2020FJⅡT0417探方西部等区域都有大量发现，是本次发掘西城墙遗迹中最常见的夯窝规格（彩版四三）。就揭露的三层夯面来看，夯窝的深浅不尽相同，每层的夯窝密度也不完全一样，分布不均。整体来看，小规格夯窝分布较为密集，间距较小，一平方米内有夯窝140～180个；大规格夯窝排列较整齐，间距更大，密度相对稍小，一平方米内有夯窝60～80个。

在2020FJⅡT0215～2020FJⅡT0217一排探方的北壁对该处城墙遗迹进行了解剖工作（彩版四四）。夯土遗迹剖面呈梯形，底宽上窄，残存高度为0.58～1米，顶宽22.8～23.6米，底宽24.15～24.6米。保存最低处有5层夯土，最高处有7层，夯层厚度不均，为8～18厘米，以10厘米左右的厚度居多。夯土上部两层为红褐色胶泥质土，并掺杂料姜石，土质坚硬、密实。下半部为黄褐色沙性土，掺杂红褐色胶泥土及小料姜石。清理时，在多数夯层交界面上能明显看到一层黄色细沙土，且有很薄一层红褐色水锈钙化层，推测当时可能是为了让每层夯土不粘连而有意铺撒的黄沙土，由于沙土亲水性较强，长期而形成红褐色水锈钙化层。这样的现象在2019FJⅠT1Q中也有发现，水锈钙化层很坚硬，这个面上清理的夯窝大而深，且非常容易剥离。从墙体剖面看，层面不同、揭露出来的夯窝大小也不一样，但基本均为寰底夯窝，应为寰底夯具夯筑而成。

西城墙遗迹基部未见明显的垫土层，但墙体最底部与第4层地层交界面上可见明显凸凹不平的施夯痕迹，较为坚硬，推测是当时平整第4层地层时施底夯所致。向西的马面遗迹底部处理与墙体相同，且两者相交接处第4层上界面未见其他二次加工痕迹，据此推测当时墙体与马面的基部处理是同步进行的，只是在马面基部的最西端见有向下取第4层土的浅沟槽，可能是当时为起建城墙和马面所做的基础铺垫或平整准备。从剖面上可见城墙夯层与马面遗迹的夯层有一定的错位，且马面的夯层叠压在墙体西边界外的上部，说明马面与墙体应该不是一次夯筑而成，当是先建城墙，后建马面的工序。在夯土墙体的东端局部见有土色为浅红褐色、土质较为细腻松软、夹杂有夯土块的堆积，疑似城墙东边缘的后期塌落土，在该堆积下清理出城内街道路2020FJⅡL3的西侧局部。

# 第二节　马　　面

2020年发掘的西城墙外马面遗迹主要分布于2020FJⅡT0214、2020FJⅡT0314和2020FJⅡT0414三个探方的大部分区域，以及2020FJⅡT0215和2020FJⅡT0315的西侧部分（图二一；彩版四五）。

残存的马面遗迹上部遭晚期扰坑、扰沟以及大树根茎等破坏，距现地表深1.1米。平面上，马面遗迹大致呈圆角梯形。西侧夯土南北向边界较直，北部被大树根茎及第3层堆积破坏，南北残长18.5米，可复原长度约20.8米；马面东侧夯土边线明显向墙体倾斜延伸，错层压在墙体夯土上，由于揭露层位深浅不一，所以马面遗迹东侧边界并不直，南北长约23.6米。揭露的马面遗迹最宽处东西7.8~8.2米。马面西南呈弧形转角，东南与墙体相连处近直角。在马面外侧南、北、西三面还发现一周包砖沟痕迹，西南弧形转角较为清晰（彩版四六，1），包砖已被晚期破坏、取用，仅留下砖沟的痕迹，宽0.28~0.32米，深0.2~0.25米。北边及西北拐角处砖沟已被破坏（彩版四六，2）。

马面夯土较墙体夯土颜色稍浅，为浅红褐色黏土，掺杂黄色的沙质土块及小料姜石。夯土土质密实、坚硬，包含少量白灰、红烧土、炭灰颗粒等。清理出的现存夯层面上布满密集的夯窝，规格普遍小于城墙墙体上的夯窝，与墙体夯层面上分布的大夯窝之间明显能看出一条分界线。马面遗迹夯窝的直径为2~3厘米，深1~2厘米，排列比较杂乱，特别是在马面遗迹的北半部，夯窝密密麻麻，且均较浅（彩版四七）。

对马面遗迹的解剖沟位于2020FJⅡT0214、2020FJⅡT0215探方的北壁，与城墙墙体的解剖沟相通，从剖面上不仅能够认识到马面遗迹的结构和夯筑方法，同时能够观察马面与城墙之间的夯筑工序（彩版四八）。马面遗迹残高0.5~0.7米，残存夯层4~6层不等，每层的厚度不同，约6~16厘米。东缘与城墙衔接处呈倒梯形，上宽下窄，马面夯土错层压在墙体夯土上，揭露的上部夯面是发掘所见东西向夯土最宽的地方，向下逐渐内收。解剖沟处马面上部东西宽8.2米，最底部东西宽7.2米。马面基础处理与城墙同步，都是在其下的第4层堆积上直接施底夯后，再向上逐层夯筑而成。马面遗迹外边缘夯土底部低于第4层上界面，形成沟槽状，深约0.2米，推测是当时营建马面时平整地面所致。从马面遗迹东侧缘与城墙夯土西边界的叠压情况看，其与墙体分两次夯筑，先夯筑起墙体，后夯筑马面。

# 第三节　护　城　河

高楼村西城墙遗址发掘区（Ⅱ区）发现的护城河遗迹（2019FJⅡHG、2020FJⅡHG）位于西城墙遗迹以西17～19米（彩版四九）。2019年通过探沟试掘找到了护城河的东岸堤坡（彩版五〇，1），2020年在距离东岸约66米处找到了护城河的西岸堤坡（彩版五〇，2）。根据东西两岸的文化层堆积可将其划分为早、晚两期河岸。早期堤岸在下、靠内，晚期堤岸上移，且向外扩展（图二一）。此外，2019在护城河东岸边还发现一条东西向的砖砌暗排水沟（2019FJⅡT1G1），直接叠压在晚期东岸边上，并与之相接。

## 一、早期堤岸与河内堆积

早期堤岸叠压于第3a层地层下，从第4层上界面向下挖就，打破第4、5层地层堆积，距现地表深1.75～2.25米。可能距离城墙较近、人类活动较少，抑或是被晚期地层叠压破坏等原因，早期岸边堆积不明显。堤坡呈缓坡状内收，不甚平整，护城河上开口东西宽61.5米，东距西城墙遗迹19米，深约1.05米，底宽52.7米，较平整。最底部为较纯净的浅黄色细沙层，2019年在护城河底部选取三个地点分别向下解剖清理，至距地表深6.1米处依旧是厚厚的沙石层，考虑安全，解剖沟未打穿沙石层（彩版五一）。这些沙石层也分布于东侧城墙解剖沟最底层，如前所述，推测是商周以前古漯水故道的原始冲积层。可见，金中都西城墙外的护城河底部利用了古漯水故道。

可能由于清淤等原因，仅在早期护城河的东岸堤坡上见有HG⑥一层早期堆积，厚0～0.4

米，为红褐色胶泥土，土质黏硬，包含少量的烧土、炭灰颗粒等物质，出土少量素面残砖，以及西周陶鬲的足部残片等。

## 二、晚期堤岸与河内堆积

晚期堤岸叠压于第2层地层下、第3a层地层上，开口距现地表深1.3～1.5米。晚期护城河沿用了早期的河道，都利用了古㶟水故道，只是堤岸更向外拓展，堤坡更加斜缓，相对早期更平整，且堤坡上发现有零散的素面青砖铺垫。晚期护城河上开口宽65.8米，东距西城墙遗迹16.6～17.5米，东岸深2米，西岸深2.6米，底宽52.5米，较平整，可能由于清淤等活动，河道底部与早期相同。

晚期河内堆积可分为五层（彩版五二）。较早的堆积HG⑤仅见于堤坡上，厚0～0.8米，为黄褐色沙土夹杂大量褐色黏土，土质疏松，包含较多碎石，出土零星青砖碎块，并有1件可复原白釉瓷碗。河道中部堆积有四层，即HG①～HG④，堆积较厚。HG④层厚0～0.65米，为红褐色胶泥土，土质黏硬，含有大量的植物根系及螺壳等。出土白釉瓷碗残片、钧釉瓷盘残片、黑釉瓷片、酱釉瓷碗残片、白釉瓷瓶残片、夹砂红陶鬲足残片以及素面灰陶片等。HG③层厚0～0.85米，为黄色淤沙土，夹杂红褐色淤积胶泥层，土质松散，较纯净。HG②层厚0～0.6米，为黄褐色土，土质疏松，包含少量烧土粒、白灰粒、青砖碎屑等物。HG①层厚0～0.56米，土色浅灰褐色，土质较疏松，包含烧土粒、白灰粒、青砖屑等物，出土青花瓷碗残片、白瓷片、青釉瓷瓶残片以及灰陶片等。

从包含物看，以上晚期护城河内堆积又可分为早晚两段。早段堆积包括HG③、HG④、HG⑤三层，其中HG④、HG⑤出土金元时期瓷器残片，HG③是较为纯净的黄色细沙土堆积，可能为洪水期冲刷形成。晚段堆积包括HG①、HG②两层，与地层第2层的土质、土色相近，未见明显淤积痕迹，且HG①出土少量明清时期的青花瓷片等遗物，当是护城河废弃后所形成的堆积。

# 三、砖砌暗排水沟

该排水沟是在探沟2019FJⅡT1中部发现的，编号2019FJⅡT1G1，叠压于发掘区第2层地层下，距地表深1米。该排水沟随晚期护城河东岸边的走向，直接从第3a层向下挖槽修葺，顶面盖砖，基本与晚期河岸岸边平齐，而且西端随护城河东岸堤坡的坡度，呈东高西低状（图三〇）。

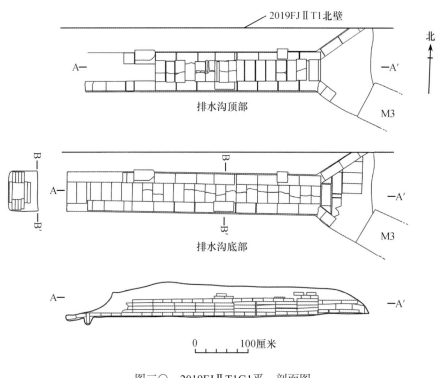

图三〇　2019FJⅡT1G1平、剖面图

排水沟东端南北两侧入口处有雁翅结构，雁翅东南部被清代墓葬2019FJⅡM3打破，仅残存少量残砖；雁翅北端局部延伸至探沟外。排水沟西部向下倾斜，与护城河东岸边相接。顶部用素面青灰砖横向平铺一层，仅与雁翅交接处残存有3层砌砖。沟壁用青灰砖顺缝平砌，沟底用砖东西向并列横铺，雁翅底部残留三块砌砖南北向平铺（彩版五三，2、3）。

该排水沟东西残长5.75米，宽0.74米，雁翅残宽1.66米。沟内宽0.33米，沟深0.24米。用砖规格为39厘米×19厘米×6厘米。

# 第四节　道路（顺城街）

2019～2020年在两个发掘区（Ⅰ区和Ⅱ区）共清理道路遗迹5条，由于发掘场地受限，5条道路遗迹均只清理出靠近城墙一侧的区域，道路的宽度未能完全揭露。其中位于万泉寺南城墙遗迹北侧（内侧）的道路2条，分别编号2019FJⅠL1、2019FJⅠL2；位于西城墙遗迹东侧（内侧）的道路3条，分别编号2020FJⅡL1、2020FJⅡL2、2020FJⅡL3。这些道路遗迹中，2019FJⅠL2与2020FJⅡL3两条道路遗迹的底部与城墙相同，都是在第4层地层上起建或使用，且道路均与城墙夯土内侧边界处相衔接。2020FJⅡL2叠压于2020FJⅡL3之上，且与城墙之间发现路沟遗迹（2020FJⅡL2G1），在南段局部区域，2020FJⅡL2与2020FJⅡL3之间还发现较厚的淤积层和城墙塌落土堆积，相对位置上，2020FJⅡL2更加靠东（城内）。2019FJⅠL1和2020FJⅡL1是两条晚期道路，直接叠压在近现代地层第1b层下。2019FJⅠL1与2019FJⅠL2之间夹有金末～元代的地层（2019FJⅠT1③），且2019FJⅠL1更靠北（城内）；而2020FJⅡL1直接叠压在2020FJⅡL2及路沟2020FJⅡL2G1之上。

根据地层、遗迹之间的叠压打破关系以及出土遗物初步判定，2019FJⅠL2和2020FJⅡL3为金代中都城的顺城街道路，2020FJⅡL2是中都城在元代作为"南城"存续沿用期间的顺城街道路，而2019FJⅠL1与2020FJⅡL1则是金中都城废弃之后的清代道路。本章节主要介绍2019FJⅠL2、2020FJⅡL3、2020FJⅡL2三条金元时期道路遗迹，2019FJⅠL1与2020FJⅡL1在下文"清代遗存"章节再做详细介绍。

## 一、南城墙内顺城街道路

2019年和2020年均对Ⅰ区南城墙内顺城街道路进行了发掘，其中2019年揭露的道路遗迹分布于探沟2019FJⅠT1、2019FJⅠT2、2019FJⅠT3、2019FJⅠT4和2019FJⅠT5内，2020年揭露的道路遗迹分布于2020FJⅠT0505～2020FJⅠT0510探方的北半部。两次发掘揭露的是同一条道路，共计发掘长度东西约120米，南北残宽2.5～5.3米。发掘位置不同，保存情况差异也较大，分别介绍如下。

### 1. 2019年发掘的道路遗迹（2019FJⅠL2）

2019年揭露的顺城街道路遗迹（2019FJⅠL2）分布于5条探沟内，叠压于地层第3层或第2层下，距地表深2.23～2.9米，共计揭露长度东西65.3米。其中2019FJⅠT1内揭露部分（2019FJⅠT1L2）南北残宽5.8～6.3米，东西长2.5米（图三一）；2019FJⅠT2内揭露部分（2019FJⅠT2L2）南北残宽6.95米，东西长4米；2019FJⅠT3内揭露部分（2019FJⅠT3L2）残宽7.5米，东西长2米（彩版五三，1）；2019FJⅠT4内揭露部分（2019FJⅠT4L2）南北残宽3.1～3.3米，东西长2.3米；2019FJⅠT5内揭露部分（2019FJⅠT5L2）南北残宽2米，东西长54.5米。因发掘区遭晚期破坏较为严重，道路堆积厚度差异也较大，仅2019FJⅠT1探沟内残存两层金代的路土堆积，最厚处约0.5米，向西的2019FJⅠT2～2019FJⅠT4探沟和北部2019FJⅠT5探沟内只清理出金代路土的最底层，最薄的地方仅残存2～3厘米厚的路土堆积。下以2019FJⅠT1L2为例进行介绍。

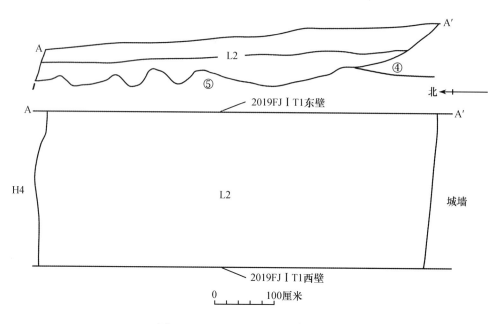

图三一　2019FJⅠT1L2平、剖面图

2019FJⅠT1L2位于2019FJⅠT1内北部，东西向，方向88°，与城墙夯土走向平行。该道路遗迹叠压在2019FJⅠT1④或2019FJⅠT1⑤层地层上，与城墙遗迹相同。清理长度东西2.5米，

北侧延伸出2019FJⅠT1探沟外，南北残宽6.3米，路土上界面略呈南高北低状，南侧与城墙北缘相接，路土起层没有北半部明显，北半部路土在下层剖面上可见明显的车辙痕迹。路土堆积总厚0.3～0.5米，根据土色可分为2层，2019FJⅠT1L2①层厚0.2～0.35米，呈黄褐色，路面较为坚硬，路土较杂，起层明显，包含较多的陶片碎渣、炭灰、红烧土及小沙石粒等，局部呈青灰色，夹有雨水冲积形成的黄色淤层。2019FJⅠT1L2②层厚0.1～0.4米，呈深褐色，夹杂黄色的淤积层，较上层稍纯净，出土少量布纹瓦残片、沟纹砖残片、夹砂红陶片、碎小的白瓷、黑瓷片等。路土底部与第5层交界面上见有被车轮长期、多次碾压形成的寰沟状车辙痕，东西向，宽窄不一，最宽0.6米，最窄0.4米，深0.25～0.35米（彩版五四，1）。

**2. 2020年发掘的道路遗迹（2020FJⅠT0505～2020FJⅠT0510内）**

2020年发掘的道路遗迹是延续2019FJⅠL2进行的，主要分布在2020FJⅠT0505～2020FJⅠT0510探方的北半部，叠压于第2层下，距现地表深2.5米左右，揭露长度东西54.8米，道路南端接城墙夯土北缘，北端延伸至2020FJⅠT0505～2020FJⅠT0510探方外，残宽2.55～3.95米（图三二；彩版五四，2）。

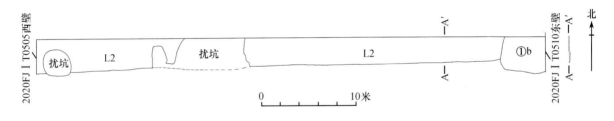

图三二　2020FJⅠT0505～2020FJⅠT0510L2平、剖面图

该道路遗迹在各个探方均被近现代垃圾坑所打破，尤其在2020FJⅠT0506东部和2020FJⅠT0507西部，路土被现代坑全部破坏无存。2020FJⅠT0509和2020FJⅠT0510内仅残存路土最底层与第4层交界处的踩踏面，较纯净，起层较明显，路土稍硬，厚3～5厘米，东部最厚处15～20厘米。在西侧2020FJⅠT0505内路土厚10～15厘米，局部最厚处25厘米左右。

现存较厚的路土上部土色稍杂，呈褐色，包含较多红烧土颗粒，出土较碎的辽金时期白釉剔花瓷片、青釉瓷片等。此外，在2020FJⅠT0505和2020FJⅠT0509路土内分别出土一枚"天禧通宝"和"熙宁元宝"铜钱。

# 二、西城墙内顺城街道路与路沟

2020年布设探方对高楼村西城墙遗址的发掘是在2019年探沟发掘的基础上展开的，揭露的同期道路遗迹有部分重合，下文以2020年发掘的道路遗迹做主要介绍。

2020年在Ⅱ区发掘的与金中都城相关的道路遗迹可分为早、晚两期，界定为上、下两层道路。其中上层道路（2020FJⅡL2）堆积较厚，又分为三小层堆积，且道路西侧发现路沟遗迹（2020FJⅡL2G1）；下层道路（2020FJⅡL3）堆积较薄，未见路沟遗迹。

## 1. 下层道路（2020FJⅡL3）

下层道路2020FJⅡL3主要分布于2020FJⅡT0317、2020FJⅡT0417内，道路解剖沟位于2020FJⅡT0217内北侧。该道路共揭露长度南北21.5米，东西残宽5.15～5.85米。2020FJⅡL3呈南北向，方向358°，与城墙夯土走向平行（图三三）。该道路遗迹叠压在2020FJⅡ④层地层上，与城墙遗迹相同。

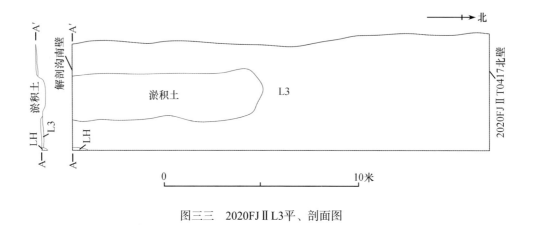

图三三　2020FJⅡL3平、剖面图

路土上界面略呈西高东低状，南北两段的情况不尽相同。在道路南段，西端与西城墙遗迹相接，且上部叠压有城墙倒塌土堆积；偏东和中部被一层较厚的淤积层打破，局部区域叠压于上层道路2020FJⅡL2之下。在道路北段，西端被上层路沟2020FJⅡL2G1打破，东部叠压于上层道路2020FJⅡL2之下。

2020FJⅡL3路土堆积较薄，厚0.1～0.15米，路土呈灰褐色，局部黄褐色，土质较为致密，硬且黏，起层不甚明显，包含烧土颗粒、炭粒、白灰粒、残砖碎瓦以及碎瓷片等。

此外，路土南段上部的淤积层厚0.3~0.5米，呈黄褐色，局部灰褐色，夹杂雨水淤积而形成的平行淤层。

**2. 上层道路（2020FJⅡL2）**

上层道路2020FJⅡL2分布、走向与下层道路基本相同，主要跨2020FJⅡT0317、2020FJⅡT0417以及2020FJⅡT0217探方北侧，南北向，距地表深1.5米~1.7米，揭露长度南北21.5米，东西残宽5.62~6.34米。该道路遗迹叠压在2020FJⅡL1之下、2020FJⅡL3之上，西端被2020FJⅡL2G1打破（图三四；彩版五五，1）。

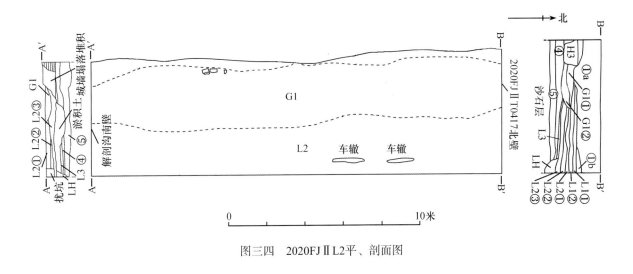

图三四　2020FJⅡL2平、剖面图

2020FJⅡL2路土堆积相对较厚，0.5~0.6米，根据土质土色可分为三小层。

2020FJⅡL2①层路土厚0.06~0.23米，褐色胶泥夹杂黄褐色沙质土，填垫大量较碎的青砖、瓦片颗粒、沙石颗粒等，路土起层清晰，踩踏、碾轧痕迹明显。路面上清理出两段较为清晰的车辙痕迹，车辙处路面更密实，堆垫沙石及碎陶渣。断续车辙长4米左右，宽0.3~0.6米。

2020FJⅡL2②层路土厚0~0.3米，土色偏灰，质地松软，包含物较上层稍少，有碎砖、瓦片、沙石颗粒等，路土起层也较明显。

2020FJⅡL2③层路土厚0.13~0.36米，底部较平，西边缓坡状叠压在墙体的塌落层上，土色偏灰，土质稍硬，夹杂白灰、红烧土、炭灰颗粒及陶渣等，起层不甚明显。

2020FJⅡL2路土堆积中出土残砖碎瓦及少量瓷片。砖为素面、沟纹砖；瓦为布纹筒瓦；瓷片以白釉为主，黑釉、青釉次之，可辨器形有碗。2019年发掘时，该道路（2019FJⅡT1L2）路土中发现有素面"官"字款砖等构件。

### 3. 上层道路路沟（2020FJⅡL2G1）

2020年发掘的路沟遗迹位于上层道路2020FJⅡL2东侧，编号2020FJⅡL2G1，南北贯穿2020 FJⅡT0217～2020FJⅡT0417探方中部，距地表深1.3米。路沟打破2020FJⅡL2东缘以及下部的2020FJⅡL3，叠压在2020FJⅡL1下，北段因遭晚期破坏，局部直接叠压在近现代地层第1a层下，西北端被灰坑2020FJⅡH3打破。该路沟揭露长度21.5米，宽2.5～3.2米，深0.28～0.84米（图三五）。

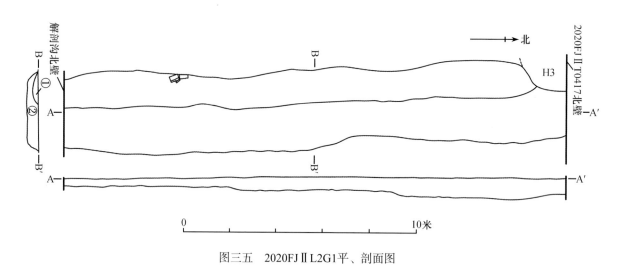

图三五　2020FJⅡL2G1平、剖面图

2020FJⅡL2G1平面呈不规则条带状，沟壁粗糙，斜壁内收，沟底不平，略呈南高北低状，西部堆积可分为两小层（彩版五五，2、3）。

2020FJⅡL2G1①层堆积略偏西，宽1.1～1.48米，厚0～0.3米，土色呈浅灰褐色，夹杂黄褐色淤沙土，土质较疏松，包含零星砖粒、烧土粒，沟内中部西侧出土青砖三块，南部的二块青砖上下叠压，青砖上黏结少量白灰，砖长36厘米，残宽16厘米，厚5厘米。

2020FJⅡL2G1②层堆积宽2.5～3.2米，厚0～0.84米，土色为灰褐色，夹杂少量黄褐色土块，土质疏松。该层堆积内包含少量草木灰、烧土粒；出土遗物有砖块、瓦片、陶片、瓷片、石碑残块、动物骨骼等。砖块多为沟纹砖，少量素面砖，砖块局部黏结白灰，残砖宽17厘米，厚5厘米，长度不详。陶片有夹砂和泥质灰陶，可辨器形有罐。瓷片多为白瓷，零星剔花瓷片

以及天蓝釉瓷碗残片等。汉白玉石碑残块两面刻字，可辨"服■服誦其""将军行侍郎"等字
（彩版五六，1、2）。

# 第五节　出土遗物

## 一、西　周

仅在护城河最早的第6层堆积中发现西周时期陶鬲足部残件1件。

**陶鬲**

1件，残片。2019FJⅡHG⑥：1，夹蚌红陶质。手制。袋状。器表满斜向交错绳纹。残高
6.2厘米（图三六，11；彩版八四，1）。

## 二、隋、唐

（一）瓷器

**1. 瓷碗**

青釉瓷碗　3件。

2019FJⅠT2Q：2，残片。残剩口沿及腹部部分。敞口，尖圆唇，曲腹。青釉，色泛黄，
釉下施白化妆土，内满釉，外至下腹部，口沿及上腹内外均有大面积脱釉。施釉边沿有流釉，
流釉较厚处呈酱色。灰白胎。残宽7.3厘米，残高6.9厘米（图三六，6；彩版八四，2）。

2019FJⅡHG④：4，残片。残剩口沿及腹部少许。敞口，沿微撇，圆唇。青釉，釉下
施白化妆土，口沿局部有脱釉。粉白胎。残宽5.6厘米，残高4.8厘米（图三六，1；彩版
八四，5）。

2020FJⅠT0507L2：4，残片。残剩口沿部位。敞口，圆唇。青釉，色泛黄，釉下施白化妆

2019FJⅠT1Q：1，残片。残剩口沿及腹部少许。敞口，折平沿，圆唇，弧腹。青釉，色泛黄，釉下施白化妆土。内满釉，外至腹中部，口沿及外腹部有脱釉。灰白胎。残长7.2厘米，残高5.5厘米（图三六，5；彩版八四，6）。

**2. 瓷盘**

白釉瓷盘　1件。

2019FJⅠT2Q：3，残片。残剩底及腹部部分，折腹，圈足，内底较深，挖足过肩。白釉，釉色莹润有光泽。内满釉，底有长条形支垫痕，外施釉至足部，局部有流釉。白胎，胎质细腻。残高2.7厘米，底径7.4厘米（图三七，6；彩版八六，6）。

**3. 瓷罐**

白釉瓷罐　2件。

2020FJⅠT0410Q：4，残片。残剩腹部少许，中部鼓起。白釉，釉下施白化妆土，外满釉。白胎。残长6.6厘米，残宽5.1厘米（图三六，4；彩版八五，6）。

2019FJⅠT2Q：4，残片。残剩下腹及底部部分。斜弧腹，外壁有宽窄不一的弦纹，宽矮圈足，内底较深。白釉微泛青，内满釉，内底有椭圆形支垫痕，外施釉至下腹部。灰白胎。残高5.8厘米，底径9厘米（图三七，4；彩版八七，1）。

**4. 瓷瓶**

白釉瓷瓶　1件。

2019FJⅠT1Q：2，残片。残剩口沿及颈部少许。直口，折沿，圆唇，长直颈。白釉，釉下施白化妆土，外满釉，内至沿下。白胎，胎质细腻。复原口径6.8厘米，残高5.2厘米（图三六，9；彩版八四，4）。

## （二）铜钱

共计出土北宋铜钱4枚。

咸平元宝　　1枚。2019FJⅠT1Q：3，隶书，旋读，正背郭缘略宽。光背。钱径2.5厘米，穿径0.6厘米，郭宽0.3厘米，厚0.13厘米（图三七，10）。

天禧通宝　　1枚。2020FJⅠT0505L2：1，楷书，旋读，正背郭缘略宽。光背。钱径2.5厘米，穿径0.69厘米，郭宽0.3厘米，厚0.13厘米（图三七，11）。

熙宁元宝　　1枚。2020FJⅠT0509L2：2，楷书，旋读，正背郭缘略宽。光背。钱径2.3厘米，穿径0.65厘米，郭宽0.3厘米，厚0.13厘米（图三七，12）。

元祐通宝　　1枚。2020FJⅡL2G1②：2，行书，旋读。正背郭缘略宽，锈蚀严重。光背。钱径2.3厘米，穿径0.8厘米，郭宽0.2厘米，厚0.15厘米（图三七，13）。

# 四、金　　代

## （一）瓷器

### 1. 瓷碗

白釉瓷碗　　3件。

2019FJⅡHG④：3，残片。残剩底部部分。圈足内深，足底较平。白釉，釉色莹润，釉下施白化妆土。内满釉，底有三个椭圆形支垫痕。灰白胎，胎质细腻。底径6.5厘米，残高2厘米（图三七，2；彩版八六，5）。

2020FJⅡHG⑤：1，可复原。敞口、卷沿，圆唇、弧腹，圈足，内底较深。白釉，釉下施白化妆土。内底有宽1.5厘米的涩圈，腹中部残留两组各六点酱彩。外部施釉至腹中部，边沿有流釉痕。粉白胎。口径23.6厘米，足径8.5厘米，足壁厚0.6厘米，足高0.8厘米，内深1.4厘米，通高7.5厘米（图三八，6；彩版八七，2、3、4）。

2020FJⅠT0507L2：3，残片。残剩底部少许，窄圈足。白釉，釉面莹润，内底残存有少许剔花。白胎，胎质细腻，胎体较薄。复原底径6厘米，残高1.8厘米（图三八，4；彩版八七，5）。

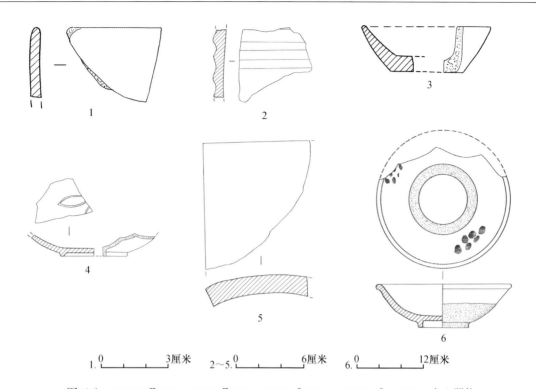

图三八　2019FJⅡHG、2020FJⅡHG、2019FJⅠT2L2、2020FJⅠT0507L2出土器物

1、4、6.瓷碗（2020FJⅠT0507L2：4、2020FJⅠT0507L2：3、2020FJⅡHG⑤：1）　2.瓷罐（2019FJⅡHG④：2）

3.瓷盏（2019FJⅠT2L2：1）　5.板瓦（2019FJⅡHG④：1）

**2. 瓷盏**

茶叶末釉瓷盏　1件。

2019FJⅠT2L2：1，可复原。残剩口沿及腹部部分。敞口，尖圆唇，弧腹，平底。茶叶末釉，内满釉，外施釉至腹中部。灰夹砂胎，胎质粗糙。口径12厘米，底径6.6厘米，通高4厘米（图三八，3；彩版八七，6）。

**（二）建筑构件**

**1. 板瓦**

仅发现1件。2019FJⅡHG④：1，残。灰陶质。外素面，内布纹。残长10.4厘米，残宽9.2厘米（图三八，5）。

**2. 沟纹砖**

共挑选标本2件。

2019FJ Ⅱ T1L2②：1，模制，单面粗沟纹，沟槽宽0.4～0.6厘米。残长15.6厘米，宽14厘米，厚4.9厘米（图三九，1）。

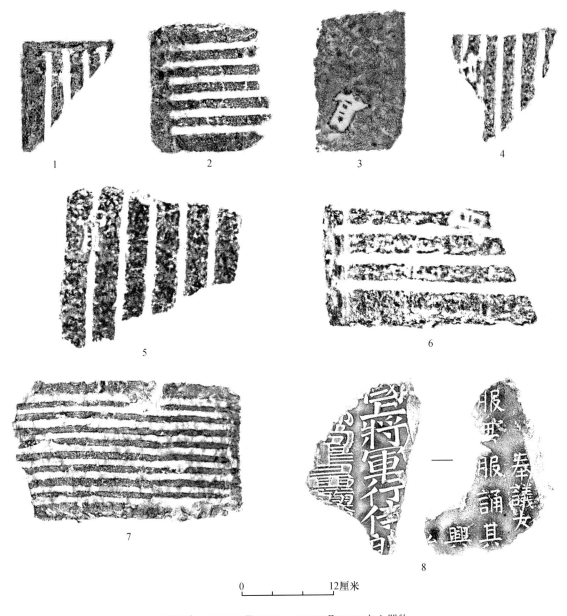

图三九　2019FJ Ⅱ T1L2、2020FJ Ⅱ L2G1出土器物

1、2.沟纹砖（2019FJ Ⅱ T1L2②：1、2020FJ Ⅱ L2G1②：3）　3～7.“官”字款砖（2019FJ Ⅱ T1L2②：2、2020FJ Ⅱ L2G1②：7、2020FJ Ⅱ L2G1②：5、2020FJ Ⅱ L2G1②：4、2020FJ Ⅱ L2G1②：6）　8.石碑（2020FJ Ⅱ L2G1②：1）

2020FJⅡL2G1②：3，模制，单面六道沟纹，沟槽宽0.5～0.6厘米，间距1.5～1.8厘米，深0.5厘米左右。砖残长16厘米×17厘米×4.5厘米（图三九，2；彩版八八，1）。

### 3. "官"字款砖

共挑选标本5件。

2019FJⅡT1L2②：2，模制。素面。一面戳印"官"字。残长17厘米，残宽12厘米，厚4.6厘米（图三九，3）。

2020FJⅡL2G1②：4，模制。单面三道沟纹，沟槽宽1厘米，沟纹面戳印"官"字。残长25.5厘米，残宽15厘米，厚5厘米（图三九，6）。

2020FJⅡL2G1②：5，模制。单面五道沟纹，沟槽宽1厘米，沟纹面戳印"官"字。残长21.6厘米，宽24厘米，厚5厘米（图三九，5）。

2020FJⅡL2G1②：6，模制。单面多道沟纹，沟槽宽0.6～0.8厘米，间距0.7厘米左右，沟纹面上部砖沿戳印"官"字。砖残长30厘米，宽17厘米，厚6厘米（图三九，7；彩版八八，2）。

2020FJⅡL2G1②：7，模制。单面沟纹，沟槽纹宽0.7～0.9厘米，沟纹面戳印"官"字，较浅。砖残长14.8厘米，残宽14厘米，厚5厘米（图三九，4）。

### 4. 石碑残块

仅发现1件。2020FJⅡL2G1②：1，青石质。残缺严重，正背均有字。正面两行，第一行七字，其中上下两字残缺不辩，"■上将军行侍郎"；第二行可辨"尚书"二字。背面三行，楷书：第一行"奉議大"三字；第二行"服■服誦其"四字，一字不辩；第三行"興"。残长22厘米，宽13厘米，厚12厘米（图三九，8；彩版八九，1）。

# 五、元　　代

### 瓷罐

茶叶末釉瓷罐　1件。

2019FJⅡHG④：2，残片。残剩腹部少许，内壁平整，外腹满弦纹。茶叶末釉，内外满釉，内壁釉面有气泡。灰白夹砂粗胎。残长6.5厘米，残宽6.8厘米（图三八，2）。

# 第六节　遗存年代与探讨

## 一、城墙与马面

金中都西、南城墙遗迹叠压于第4层唐～辽代地层之上。城墙遗迹中出土的遗物以唐、辽时期瓷器残片为主，较为碎小，没有可复原器物，可辨器形以瓷碗、瓷钵为主，与第4层堆积包含遗物面貌较为一致。此外，城墙夯土中还出土少量唐代和北宋铜钱。

据史料记载，完颜亮天德二年（1150）开始征调天下军民、夫匠着手营建金中都城，前后历时三年，天德四年（1152）冬，"燕京新宫成"[①]，贞元元年（1153）三月乙卯"以迁都诏中外。改元贞元。"[②]

其中有关扩建外城的史料主要集中在天德三年（1151）。《金史》有多处"诏广燕城"[③]"广燕京城"[④]的记载。元好问《遗山集》中有"都水内监使者洵……督燕都十三门之役"[⑤]的记载。《元一统志》引金大觉寺碑记曰："天德三年作新大邑，燕城之南广斥三里，寺遂入开阳东坊。"[⑥]十方万佛兴化院碑记曰："都城之南郭，有精舍焉……天德中作新大

---

① （宋）宇文懋昭：《大金国志校证》卷十三《海陵炀王纪》，中华书局，1986年，第187页。

② （元）脱脱：《金史》卷五《海陵本纪》，中华书局，1975年，第100页。

③ （元）脱脱：《金史》卷五《海陵本纪》，中华书局，1975年，第97页。

④ （元）脱脱：《金史》卷八十三《张浩列传》，中华书局，1975年，第1862页。

⑤ （金）元好问：《遗山集》卷三十四《东平贾氏千秋录后记》，《丛书集成三编》第038册，新文丰出版公司，1988年，第485页。

⑥ （元）孛兰肹等撰，赵万里校辑：《元一统志》卷一《中书省统山东西河北之地·大都路》，中华书局，1966年，第26页。

水源来自金中都城的漕运水系[①]。

　　而莲花池和漕运用水的源头都是当时的卢沟河。金世宗大定十二年（1172）曾从卢沟河的金口开渠引水，上游利用车厢渠旧道引水东下，在下游新开渠道直入金中都城北护城河，史称金口河。文献记载，大定十七年（1177）七月"卢沟水溢，河决白沟"[②]；大定二十一年（1181）六月"中都大水"[③]；大定二十五年（1185）五月"卢沟决于上阳村"[④]。卢沟河多次决堤，而金口河水流湍急，既不能用于漕运，又时常有决堤的危险，对于处在下游的金中都城而言弊大于利，于是大定二十七年（1187）最终将金口河堵塞。之后的大定二十八年（1188）、明昌二年（1191）仍见有"卢沟堤决"[⑤]"漳河及卢沟堤皆决"[⑥]等记载。

　　元代重开金口河，此时卢沟河汛期暴涨的特性表现得更为明显，河水泛滥致金口河决堤、发生严重水灾的记载更加频繁。其中最严重的一次发生在至元九年（1272），"大都大雨，流潦弥漫，居民室屋倾圮，溺压人口，流没财物粮粟甚众。通元（玄）门外金口黄浪如屋，新建桥庑及各门旧桥五、六座，一时摧败，如拉朽漂枯，长楣巨栋，不知所之。里闾耆艾莫不惊异，以谓自居燕以来未省有此水也"[⑦]。此次洪水冲毁的旧城北护城河木桥，包括"会城门西一，门外一，崇智门外一，光泰门外一，长春宫水门外一"[⑧]。可见这次洪水顺着金口河冲入新（元大都）、旧（金中都）两城之间，破坏十分严重。而这次洪灾中，金口河从会城门附近导入金中都北护城河，距离西护城河不远，本次考古发现护城河HG③厚厚的冲积沙层也不排除是在这一时期形成的。

---

①　侯仁之：《北京都市发展过程中的水源问题》，《北京大学学报》1955年第1期；于德源：《北京历代城坊、宫殿、苑囿》，首都师范大学出版社，1997年，第79页。

②　（元）脱脱：《金史》卷二十三《五行志》，中华书局，1975年，第538页。

③　（元）脱脱：《金史》卷四十七《食货志》，中华书局，1975年，第1046页。

④　（元）脱脱：《金史》卷二十七《河渠志·卢沟河》，中华书局，1975年，第686页。

⑤　（元）脱脱：《金史》卷二十七《河渠志·卢沟河》，中华书局，1975年，第687页。

⑥　（元）脱脱：《金史》卷二十七《河渠志·漳河》，中华书局，1975年，第688页。

⑦　（元）魏初：《青崖集》卷四（奏议），台湾商务印书馆，1983年，第753页。

⑧　（元）熊梦祥：《析津志辑佚·河闸桥梁》，北京古籍出版社，1983年，第99页。

# 三、顺城街道路

在南、西城墙内侧分别发现的顺城街道路遗迹2019FJⅠL2、2020FJⅡL3都叠压在第4层地层上，当与金代城墙、护城河的使用时代相同。且从揭露区域看，路面都呈现出外高内低的倾斜度，即靠近城墙墙体一端道路路面较高，而靠近城内的路面略低。

南城墙内顺城街道路2019FJⅠL2出土遗物有金代中晚期的白釉瓷碗残片、酱釉瓷盏残片以及"天禧通宝""熙宁元宝"等北宋铜钱。

西城墙内顺城街道路有2020FJⅡL3和2020FJⅡL2的两期叠压。其中早期2020FJⅡL3路土特别薄，仅存与下面地层相接触的受力层面，土质较硬，含有少量炭灰、烧土颗粒，因揭露面积有限，未见太多包含物。2020FJⅡL3西端被城墙东缘后期塌落土堆积所叠压，向东被较厚的淤积层打破。再之上是晚期道路2020FJⅡL2，相对早期道路更靠东（城内），路土西端叠压在城墙后期塌落土堆积之上，且与塌落土之间挖就有路沟遗迹。晚期路土堆积较厚，分为三层，出土了丰富的金、元时期白釉瓷片，还有青釉、黑釉瓷片等，以及金代"官"字款素面砖、沟纹砖和布纹筒瓦等建筑构件。根据地层的叠压以及遗迹之间的打破关系，可以推断，早期道路遗迹2020FJⅡL3与城墙的使用时期基本相当，后经过一段时间的淤积和城墙东缘局部夯土塌落等间歇期，又有了晚期活动，形成了上层路土2020FJⅡL2，其年代当稍晚，推测是中都城在元代作为"南城"继续使用时所形成的遗存。

# 第四章　其他遗存

2019～2020年在金中都城墙遗址两个发掘区（Ⅰ区和Ⅱ区）发现其他时期遗存共计35处，包括唐代墓葬1座，辽代墓葬1座，金末～元代灰坑3个，清代道路2条、灰坑10个、墓葬18座。

# 第一节　唐代墓葬

2019年在万泉寺南城墙遗址发掘区（Ⅰ区）T2探沟中部东壁下发现1座唐代墓葬，由于被近现代管道叠压，该墓于2020年进行了正式发掘，编号2020FJⅠM20（图四〇；彩版五六，3）。

由于遭晚期破坏严重，层位上，2020FJⅠM20直接叠压于近现代地层第1b层下，南部局部叠压于第2层下，距地表深2.3米，墓葬上部已被破坏无存，仅残存墓葬近底部。从位置看，该墓葬正好处于2019FJⅠT2内残存的南、北两段城墙夯土连线之下。

2020FJⅠM20为"甲"字形带墓道单室砖墓，墓道朝南，方向176°。墓葬总长5.7米，由墓道与墓室两部分组成。

墓道：位于墓室南侧中部，斜坡状，平面为长方形，长2.46米，宽0.76米，坡长2.7米，坡度约10°。墓道两侧壁较直、平整，墓道内填土为红褐色胶泥土，土质较硬，含有较多草木灰、炭灰颗粒，出土青釉饼状足的瓷碗残片、灰陶罐桥形系部残片、红陶片等。

墓室：紧接墓道北端，墓室北宽南窄，墓壁弧边，平面略呈马蹄形。墓室外土圹南北长3.06米，东西宽1.37～2.65米。土圹内为砖券墓室，墓室内壁南北长1.95米，东西宽1.65～2.13米，残高1.28米。券砖为两层顺砖错缝平铺，上一层立砖，立砖层为半砖与整砖横纵交错砌筑，砌至高0.6米处开始内收起券，券壁均为平砖交错顺砌，残存5层，高0.5米。墓室西北部为

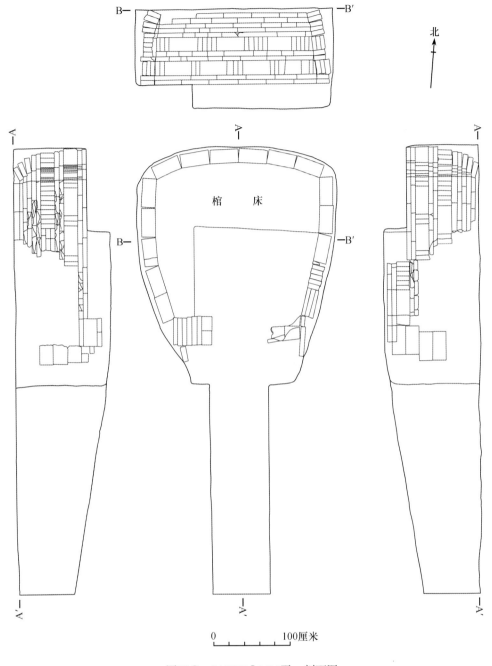

图四〇 2020FJⅠM20平、剖面图

1.陶器盖（填土） 2.砖雕饰件（填土） 3.瓷碗（填土）

曲尺形生土棺床，残高0.3米，棺床边沿原砌砖已被盗扰，只有较直的生土壁边沿。墓室内填土为红褐色胶泥土，夹杂较多残碎的绳纹砖。另出土白釉执壶流部残片、平底青釉瓷片、白瓷片、砖饰件等。该墓因盗扰严重，未清理出人骨及棺木痕迹。

该墓用砖规格为36厘米×18厘米×6厘米的绳纹砖。

墓道、墓室填土中出土有陶片、瓷片及砖饰件残片等。可复原器物3件，分别是陶器盖、砖雕饰件和瓷碗。

陶器盖　1件。2020FJⅠM20：1，灰陶质。宝塔式盖身，短折沿，子母口，口沿处略微凸起。口径7.8厘米，通高10.2厘米（图四一，1）。

砖雕饰件　1件。2020FJⅠM20：2，用青砖磨成近圆锥状，两端均残，一侧有三条窄沟纹。残长18.5厘米，直径6.2～8.8厘米，沟纹宽0.4～0.5，深0.3厘米（图四一，3）。

瓷碗　1件（复原）。2020FJⅠM20：3，敞口，圆唇，曲腹，饼足内凹。粉白胎。青釉，釉下施白化妆土，内满釉，外施釉至腹中部，边沿及内底釉厚处呈酱色。内底有三个直径0.4～0.6厘米的圆形支垫痕。口径12.7厘米，底径6.6厘米，足高0.7厘米，通高6.8厘米（图四一，2；彩版九〇，1、2）。

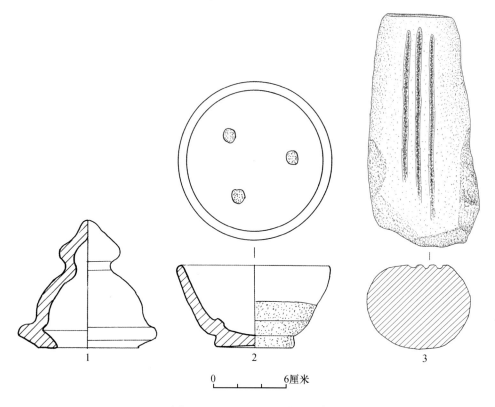

图四一　2020FJⅠM20出土器物

1.陶器盖（2020FJⅠM20：1）　2.瓷碗（2020FJⅠM20：3）　3.砖雕饰件（2020FJⅠM20：2）

# 第二节　辽代墓葬

2020年在对2020FJ Ⅰ T0505～2020FJ Ⅰ T0510探方内城墙和顺城街道路遗迹做解剖时发现了该墓葬，编号2020FJ Ⅰ M19（图四二；彩版五七，1）。

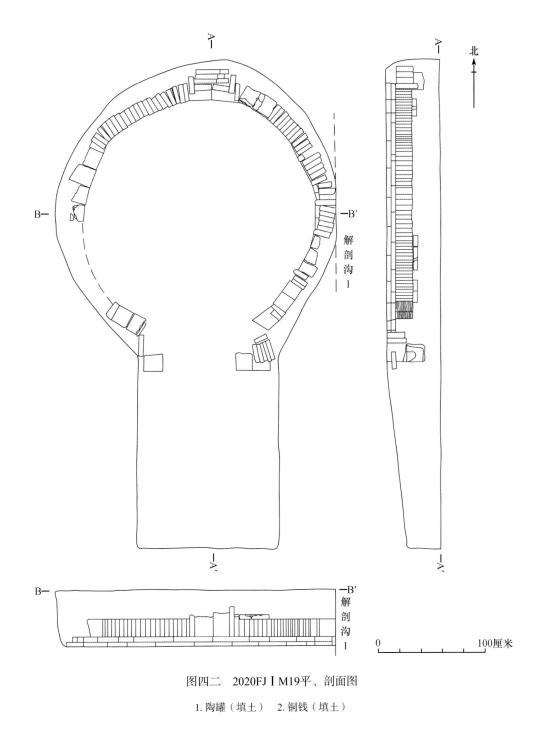

图四二　2020FJ Ⅰ M19平、剖面图

1.陶罐（填土）　2.铜钱（填土）

该墓位于2020FJⅠT0409东北和2020FJⅠT0509东南交接处，纵跨两个探方。层位上，该墓叠压于南城墙遗迹2020FJⅠT0409Q、2020FJⅠT0509Q和顺城街道路2019FJⅠL2之下，距现地表深3.4米。位置上，该墓正处于南城墙遗迹北缘与顺城街道路南端的交界区域。从遗迹间的叠压打破关系看，该墓葬是在修筑金中都城墙时被破坏的，上部已被毁无存，仅留近墓底深0.32～0.5米部分。墓室向下打破了第4、5层地层。

2020FJⅠM19为带墓道圆形单室砖墓，墓道朝南，方向180°。墓葬总长4.3米，由墓道、墓门和墓室三部分组成。

墓道：位于墓室南侧中部，斜缓坡状，坡长1.58米，坡度5°。平面呈长方形，南北残长1.58米，宽1.3米。墓道底部距墓道口残高0.32～0.5米。墓道两侧壁较规整，内填黄褐色花土，土质疏松，夹杂红褐色土块及沙石土粒等。

墓门：位于墓道北端，北与墓室相接，破坏较严重，仅残存墓门两侧残砖。残存部分平面呈长方形，面宽1.17米，进深0.33米。墓门东西两侧用沟纹砖砌筑，西侧残留一排，东侧残留五排，残高0.06～0.32米。

墓室：位于墓门北部，平面呈圆形，土圹直径2.54米，残深0.5米。土圹内周壁用沟纹砖垒砌，局部已破坏殆尽，平面近圆形，南北直径约2米，东西直径2.14米，残高0.36米。从残留部分来看，墓壁砌法为二顺一丁的半砖和整砖逐层交错向上砌筑，内壁涂抹一层白灰，大部分已脱落，局部白灰面上还残留有红色彩绘的痕迹。在墓室北壁中部，砌制仿木结构砖雕假门，上部已被破坏，残高0.16～0.26米。假门门扇用两块整砖平铺立砌，东西两侧用沟纹整砖侧砌立颊。门扇后又有三块横砖立砌，下有两层平砖顺砌形成门槛，假门于门槛上内收0.08米。墓室内填土为黄褐色花土，土质疏松，夹杂较多红褐色土块、沙石土粒、白灰颗粒、白灰墙皮（墓壁脱落）等，少量炭灰和红烧土、陶渣等。填土内出土有较多沟纹残砖块、黑瓷片、白瓷片，另出土一枚"至道元宝"铜钱。

由于破坏严重，该墓未见葬具及人骨痕迹。墓室内砌砖规格为32厘米×（15～16）厘米×（4～5）厘米，背面修饰七条沟槽。

在填土中出土器物2件，分别介绍如下：

陶罐　1件（残）。2020FJⅠM19：1，灰陶质。仅残存口沿及颈部。敛口，卷沿，圆唇，束颈。口径17.5厘米，残高5.5厘米（图四三，1）。

至道元宝 1枚。2020FJⅠM19：2，楷书，旋读。正背郭缘略宽，光背。钱径2.5厘米，穿径0.6厘米，郭宽0.3厘米，厚0.15厘米（图四三，2）。

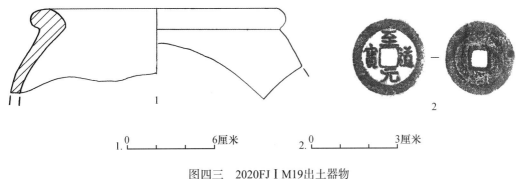

1. L_____6厘米   2. L_____3厘米

图四三 2020FJⅠM19出土器物

1. 陶罐（2020FJⅠM19：1） 2. 至道元宝（2020FJⅠM19：2）

# 第三节 金末~元代灰坑

2019年、2020年的两次发掘，共清理金末~元代灰坑3个，编号为2019FJⅠH1、2019FJⅠH4和2020FJⅡH4。

### 1. 2019FJⅠH1

位于万泉寺南城墙遗址发掘区2019FJⅠT2内南部，发现于地层第2层下。南北向，平面近长方形，南北长2.05米，宽1.44米，深0.55米，斜壁，平底（图四四）。

灰坑内填红褐色花土，土质稍松，夹杂零星炭灰、红烧土颗粒及白灰颗粒、石块、动物骨骼等。出土遗物有陶片、瓷片、铁块、石块、砖块、瓦片等。其中陶片为素面泥质红陶、泥质灰陶；瓷片有白釉、青釉、黄釉瓷，可辨器型有瓷碗、瓷罐等。挑选标本介绍如下。

瓷碗残片 3件。2019FJⅠH1：1，残剩口及腹部部分。敞口，尖唇，曲腹。青釉，色泛黄，釉下施白化妆土，釉面有细小冰裂纹。青灰胎，胎质细腻。残宽9.1厘米，残高5.9厘米（图四五，5；彩版九〇，3）。2019FJⅠH1：3，残剩下腹及底部部分。曲腹，饼足，足底较平。青釉，色泛黄，釉下施白化妆土，釉面有细小冰裂纹，内满釉，底有椭圆形支垫痕，外施

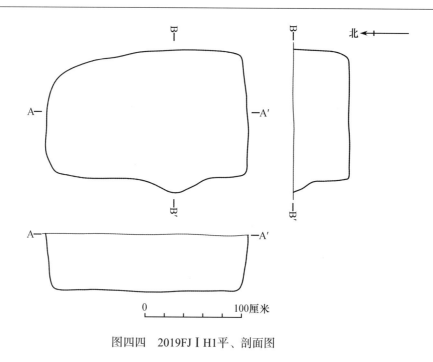

图四四　2019FJⅠH1平、剖面图

釉至下腹部。内底及流釉处呈深酱色。灰白胎。底径6.8厘米，残高3厘米（图四五，3；彩版九〇，4）。2019FJⅠH1：5，残剩口沿及腹部少许。敞口，尖唇。青釉，色泛黄，釉面莹润，釉下施白化妆土，釉面有细小冰裂纹，唇部有脱釉。内满釉，外施釉至下腹部，边缘处有流釉，釉厚处呈酱色，灰白胎。素胎处露铁红。残宽4.8厘米，残高6厘米（图四五，2）。

瓷罐残片　1件。2019FJⅠH1：2，残剩腹部部分。鼓肩，圆腹。青釉，釉下施白化妆土，釉面局部有冰裂纹。内壁无釉，外施釉至下腹部，肩部向下有明显流釉痕迹，边缘处积釉较厚。灰胎。复原腹径15厘米，残高9.2厘米（图四五，1；彩版九〇，5）。

铁铲　1件（残）。2019FJⅠH1：4，锈蚀严重，柄部残存部分呈圆形，铲身呈梯形，上宽下窄，刃部不清晰。柄直径3.2厘米，残长3.4厘米；铲身上宽11厘米，下残宽4.8厘米，通长17厘米（图四五，4；彩版九〇，6）。

**2. 2019FJⅠH4**

位于万泉寺南城墙遗址发掘区2019FJⅠT1内北部，开口于第3层下，距地表深2.1米，向下打破金代顺城街道路2019FJⅠL2及第4～6层，至黄沙层。灰坑较大，不规则状，东西两侧均延伸出探沟外，残存南北宽3.5米，东西长2.5米。口大底小，坑壁稍斜，底呈圜底状，坑深1.3米（图四六）。

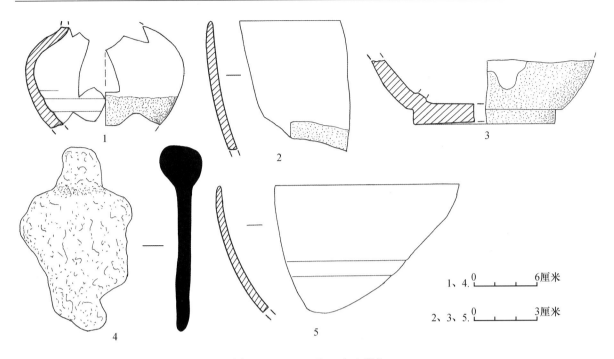

图四五 2019FJⅠH1出土器物

1.瓷罐（2019FJⅠH1：2） 2、3、5.（2019FJⅠH1：5、2019FJⅠH1：3、2019FJⅠH1：1） 4.铁铲（2019FJⅠH1：4）

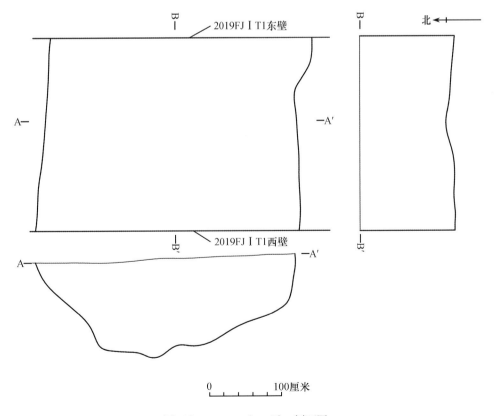

图四六 2019FJⅠH4平、剖面图

　　坑内填土较杂，呈灰褐色，含大量炉渣、炭灰粒、少量红烧土、白灰粒等。出土遗物有瓷片、陶片、砖块、瓦片、铁器、铜钱、象棋子、围棋子、骰子、动物骨骼等。残瓷片中可辨器型有瓷碗、瓷盘、瓷盏、瓷钵、鸡腿瓶、瓷罐等；陶片可辨器型有陶盆、陶罐等；建筑构件有绳纹砖、宽沟纹砖、布纹板瓦、筒瓦残片。另有不辨器型的青釉刻花和剔花瓷片等。其中可复原瓷器9件，不可复原陶、瓷片16件，以及象棋子、围棋子、骰子、板瓦、铜钱等9件。分别介绍如下。

　　可复原瓷器9件，器型有瓷碗、瓷盘、瓷盏、瓷钵。

　　瓷碗　5件（复原）。2019FJⅠH4：9，敞口，圆唇，弧腹，圈足，足内较深。白釉，釉下施白化妆土，内满釉，底有三个不规则支垫痕，外施釉至下腹部。粉白胎。口径22.2厘米，底径6.5厘米，通高8.2厘米（图四七，6；彩版九一，1～3）。2019FJⅠH4：10，敞口，圆唇，沿微外撇，弧腹，圈足。口沿内外及内腹施白釉，釉下施白化妆土，腹部有大小不均的褐色点彩。外腹下部及足内施酱釉，中部有蜡滴状白釉流釉痕。灰白夹砂胎。口径21.6厘米，底径7.1厘米，通高7.8厘米（图四七，2；彩版九一，4～6）。2019FJⅠH4：18，敞口，圆唇，弧腹，圈足。外上腹一周较细凹弦纹，中部两周宽凹弦纹，口沿残接处有三个圆形小锔痕。白釉，釉下施白化妆土，内满釉，外施釉至腹中部。粉白胎。口径22.2厘米，底径8.2厘米，通高8厘米（图四七，5；彩版九二，1～3）。2019FJⅠH4：19，敞口，尖唇，弧腹，窄圈足。外沿下一周凹弦纹。白釉，芒口，釉下见制胎时的刮削痕。白胎，胎质细腻，胎体较薄。口径22.2厘米，底径5.6厘米，通高7厘米（图四七，3；彩版九二，4～6）。2019FJⅠH4：12，敛口，圆唇，弧腹，圈足。天蓝釉，口沿处泛黄，釉面大量气泡孔，圈足下部无釉。灰胎。口径21.5厘米，底径7.6厘米，通高10.3厘米（图四七，10；彩版九三，1、2）。

　　瓷盘　2件（复原）。2019FJⅠH4：16，敞口，尖圆唇，浅弧腹，矮圈足，外腹部残接处有数个圆形小锔痕。白釉，芒口。内沿下模印一周"回"形纹，腹部模印凤鸟花卉纹，底部模印双鱼纹，部分残缺。白胎，胎质细腻，胎体较薄。口径19厘米，底径5.5厘米，通高3.5厘米（图四七，7；彩版九三，3～5）。2019FJⅠH4：17，敞口，尖圆唇，浅弧腹，矮圈足。白釉，芒口。内沿下模印一周"回"形纹，腹部缠枝牡丹纹，底部鱼纹，大部残缺。白胎，胎质细腻，胎体较薄。口径18厘米，底径5.5厘米，通高3.6厘米（图四七，8；彩版九三，6；彩版

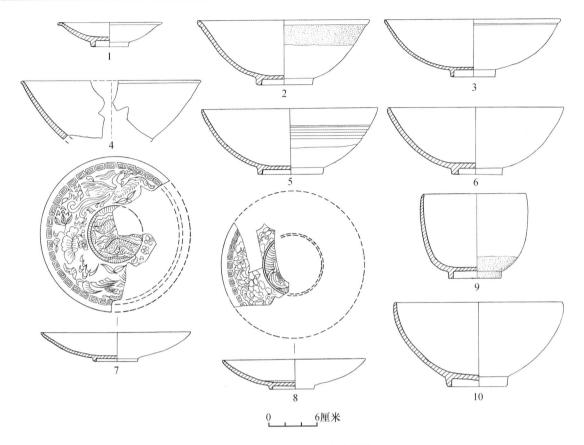

图四七　2019FJⅠH4出土瓷器

1. 盏（2019FJⅠH4：11）　2、3、5、6、10. 碗（2019FJⅠH4：10、2019FJⅠH4：19、2019FJⅠH4：18、2019FJⅠH4：9、

2019FJⅠH4：12）　4. 碗残片（2019FJⅠH4：15）　7、8. 盘（2019FJⅠH4：16、2019FJⅠH4：17）　9. 钵（2019FJⅠH4：13）

九四，1）。

瓷盏　1件（复原）。2019FJⅠH4：11，侈口，尖圆唇，沿外撇，浅弧腹，矮圈足，内深。青釉泛灰，圈足下部无釉。青灰胎。口径13.2厘米，底径4.7厘米，通高3.2厘米（图四七，1；彩版九四，2、3）。

瓷钵　1件（复原）。2019FJⅠH4：13，敛口，尖唇，曲腹，圈足，外腹有制胎时的刮削棱。白釉，内满釉，外施釉至下腹部，釉下白化妆土内至沿下，外至下腹部。灰白胎。口径13.4厘米，底径6.6厘米，通高10.2厘米（图四七，9；彩版九四，4、5）。

其他不可复原陶、瓷残片挑选标本16件。

瓷碗残片　5件。2019FJⅠH4：15，残剩口沿及上腹部。敞口，圆唇，弧腹。白釉，釉下施白化妆土，内满釉，外至腹中部。粉白胎。口径22.6厘米，残高7厘米（图四七，4；彩版九四，6）。2019FJⅠH4：20，残剩口沿及上腹部。敞口，尖圆唇，弧腹。白釉，芒口，内模印凤鸟连枝花卉纹。白胎，胎质细腻，胎体较薄。口径17.4厘米，残高6.6厘米（图四八，12；彩版九五，1）。2019FJⅠH4：23，残剩口沿及上腹部。敞口，尖唇，弧腹，外上腹饰凹弦纹。白釉，釉下施白化妆土，内满釉，外施至上腹部。粉白胎。口径22.8厘米，残高7.2厘米（图四八，5；彩版九五，2）。2019FJⅠH4：29，残剩口沿及上腹部。侈口，尖圆唇，沿稍外撇，弧腹。白釉，釉下施白化妆土，内腹剔有竖条纹。灰白胎。残宽7厘米，残高5.3厘米（图四八，3；彩版九六，3）。2019FJⅠH4：31，敛口，圆唇，弧腹。天蓝釉，施釉均匀，釉色莹润有光泽，唇部釉色酱黄。灰胎，胎质细腻。口径26厘米，残高4.5厘米（图四九，6；彩版九五，3）。

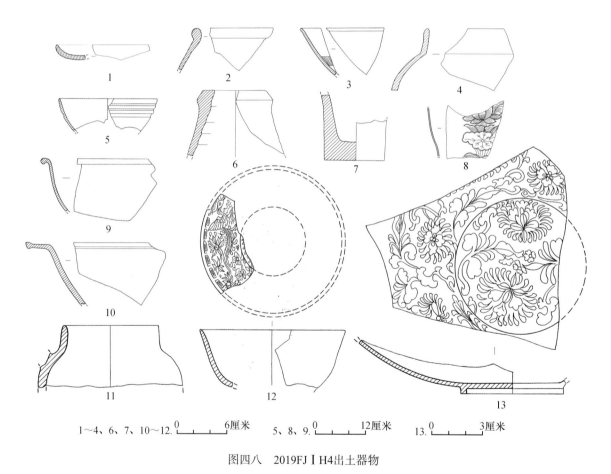

图四八　2019FJⅠH4出土器物

1、13. 瓷盘残片（2019FJⅠH4：30、2019FJⅠH4：21）　　2、4、11. 瓷罐残片（2019FJⅠH4：33、2019FJⅠH4：28、2019FJⅠH4：32）　　3、5、12. 瓷碗残片（2019FJⅠH4：29、2019FJⅠH4：23、2019FJⅠH4：20）

6、7. 鸡腿瓶残片（2019FJⅠH4：25、2019FJⅠH4：24）　　8. 瓷梅瓶残片（2019FJⅠH4：14）

9、10. 陶盆残片（2019FJⅠH4：27、2019FJⅠH4：26）

瓷盘残片 2件。2019FJⅠH4：21，残剩下腹及底部，弧腹，矮圈足。白釉泛黄，外腹及底部施釉不均，局部有露胎及流釉痕，釉下有较多气泡。圈足内及下腹粘连较多沙粒。内底模印两朵缠枝菊花纹，外有一周凹弦纹，腹部多组缠枝菊花纹。白胎，胎质细腻，胎体较薄。底径6.1厘米，残高3厘米（图四八，13；彩版九五，4）。2019FJⅠH4：30，残剩口沿及上腹部少许。敛口，圆唇，浅弧腹。天蓝釉，施釉均匀，唇部釉色泛黄，釉色莹润有光泽。灰胎，胎质细腻。残宽6.8厘米，残高2厘米（图四八，1；彩版九六，4）。

鸡腿瓶残片 2件。2019FJⅠH4：24，残剩下腹及底部。下腹斜直，假圈足。外施酱釉，釉面暗淡粗糙，素胎外露铁红。灰白夹砂粗胎。底径7.2厘米，残高7.4厘米（图四八，7；彩版九五，5）。2019FJⅠH4：25，残剩口沿及颈部少许。直口，方唇，沿外凸起，近直颈。芒口，内外茶叶末釉。夹砂粗灰胎。口径7.6厘米，残高7.5厘米（图四八，6；彩版九六，1）。

瓷罐残片 4件。2019FJⅠH4：28，残剩口沿及肩部少许。敛口，斜直颈，溜肩，肩下部残缺。通体施黑釉，唇部泛酱黄色，釉色莹润有光泽。白胎，胎质细腻。残宽8.6厘米，残高7厘米（图四八，4；彩版九六，2）。2019FJⅠH4：32，残剩口沿及肩部少许。直口，圆唇，矮颈，溜肩，肩以下残缺。通体酱釉，釉色莹润有光泽，唇及肩部泛酱黄。夹砂灰胎，胎质粗糙。口径11.6厘米，残高7厘米（图四八，11；彩版九六，5）。2019FJⅠH4：33，残存口沿及肩部少许。侈口，圆唇，卷沿，束颈。内施黑釉，外施白釉，釉下施白化妆土，釉色莹润有光泽，釉面有细小冰裂纹。唇部无釉，露白色化妆土。粉白胎。残宽7.7厘米，残高4.7厘米（图四八，2；彩版九五，6）。2019FJⅠH4：34，残存口沿及肩部少许。侈口，圆唇，卷沿，束颈，溜肩，肩以下残缺。通体施黑釉，釉色莹润有光泽。灰胎，胎质细腻，胎体较薄。口径22.8厘米，残高6.1厘米（图四九，5；彩版九六，6）。

梅瓶残片 1件。2019FJⅠH4：14，高丽青瓷。残存腹部部分。青釉，釉色有玻璃光泽，釉面有细小开片，釉下线刻连枝莲花荷叶纹，莲花上部残缺。内壁施釉不均。青灰胎，胎质有粉砂感，气孔密集。残宽13.5厘米，残高12.7厘米（图四八，8；彩版九七，1）。

陶盆残片 2件。2019FJⅠH4：26，泥质灰陶。侈口，折沿，方唇，下部残缺。残宽11厘米，残高7.1厘米（图四八，10）。2019FJⅠH4：27，泥质灰陶。侈口，卷沿，斜腹，下部残缺。残长19.6厘米，残高14厘米（图四八，9）。

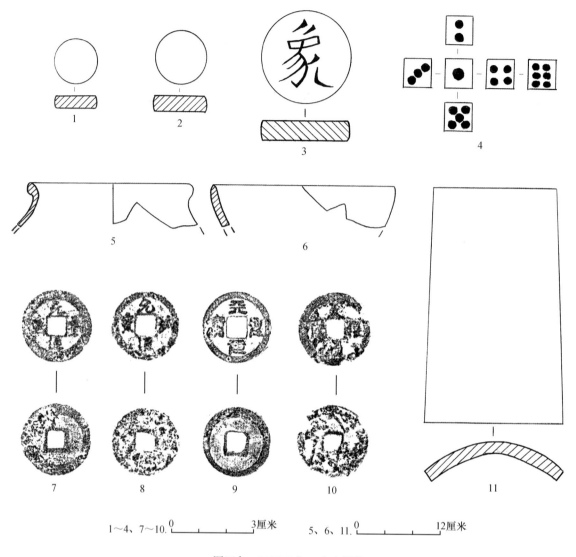

图四九　2019FJⅠH4出土器物

1、2. 瓷围棋子（2019FJⅠH4：4、2019FJⅠH4：3）　3. 石象棋子（2019FJⅠH4：1）　4. 骰子（2019FJⅠH4：2）

5. 瓷罐残片（2019FJⅠH4：34）　6. 钧釉瓷碗残片（2019FJⅠH4：31）　7. 元丰通宝（2019FJⅠH4：5）

8. 元祐通宝（2019FJⅠH4：6）　9. 天圣元宝（2019FJⅠH4：7）　10. 天禧通宝（2019FJⅠH4：8）　11. 板瓦（2019FJⅠH4：22）

另外还有象棋子、围棋子、骰子、板瓦、铜钱等9件。

象棋子　1枚。2019FJⅠH4：1，汉白玉质。圆饼形，单面阴刻行书"象"字，背素面。直径3.3厘米，厚0.71厘米（图四九，3；彩版九七，2）。

围棋子　2枚。素胎白瓷质。圆饼形。2019FJⅠH4：3，直径1.8厘米，厚0.5厘米（图四九，2；彩版九七，3）。2019FJⅠT1H4：4，直径1.6厘米，厚0.4厘米（图四九，1）。

骰子　1枚。2019FJⅠH4：2，素胎白瓷质。六面正方体，每面圆窝状1～6点。边长1厘米

（图四九，4；彩版九七，4）。

板瓦 1件。2019FJⅠH4：22，外素面，内细布纹。通长32.8厘米，宽17.6～20厘米，厚1.6厘米（图四九，11；彩版九七，5）。

铜钱 4枚。2019FJⅠH4：5，元丰通宝，行书，旋读，光背。钱径2.5厘米，孔径0.7厘米，厚0.11厘米，边郭宽3厘米（图四九，7）。2019FJⅠH4：6，元祐通宝，行书，旋读，光背。钱径2.4厘米，孔径0.75厘米，厚0.11厘米（图四九，8）。2019FJⅠH4：7，天圣元宝，篆书，旋读。光背。钱径2.5厘米，孔径0.7厘米，厚0.11厘米（图四九，9）。2019FJⅠH4：8，天禧通宝，字迹锈蚀严重。楷书，旋读，郭缘略有残缺。钱径2.57厘米，孔径0.65厘米，厚0.12厘米（图四九，10）。

### 3. 2020FJⅡH4

位于高楼村西城墙遗址发掘区东部，跨探方2020FJⅡT0414、2020FJⅡT0415、2020FJⅡT0514、2020FJⅡT0515的交界处，开口于第3a层下，打破第3b、第4层地层。该灰坑平面基本呈南北向椭圆形，南壁较直，北侧口大底小。南北长4.04米，宽2.69米，深0.6米，斜壁，平底（图五〇；彩版五七，2）。

灰坑内填土为黄褐色，土质较致密，包含白灰颗粒、砖块、石块、陶片等。出土瓷片、石构件、残砖和整砖（整砖规格为38厘米×17厘米×5厘米）等。其中瓷片有白釉、青釉、酱釉等，分别为碗、盘等残片。青砖有素面，也有粗沟纹砖、细沟纹砖。个别砖块上带有"官"字款和"内"字款。石构件有莲花石幢顶残件。

出土遗物主要是建筑构件，介绍如下。

"官"字款砖 2块，均残。2020FJⅡH4：2，模制。素面，一面戳印"官"字，字体比较规矩，且较深。印戳长5.5厘米，砖残长27厘米，宽17厘米，厚5.5厘米（图五一，1；彩版九八，1）。2020FJⅠT0415H4：3，模制。素面，一面戳印"官"字，字体不规矩，深浅不匀，或一头深一头浅。印戳长5厘米，砖残长25厘米，宽17厘米，厚5.5厘米（图五一，2；彩版九八，2）。

"内"字款砖 4块。2020FJⅡH4：4，残。模制。素面，一面戳印"内"字款，字体不

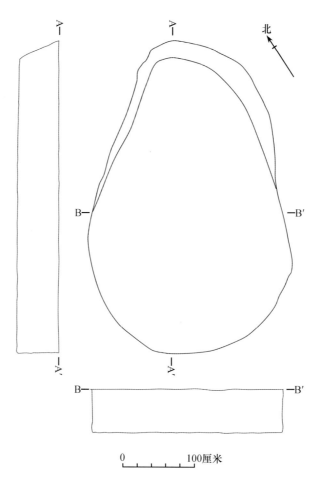

图五〇　2020FJⅡH4平、剖面图

规矩，深浅不匀，上笔不出头。残长18厘米，宽18厘米，厚6厘米（图五一，3；彩版九八，3）。2020FJⅡH4：5，残。模制。素面，一面戳印"内"字款，字体规整，上笔出头。残长20厘米，残宽14厘米，厚5.5厘米（图五一，4；彩版九八，4）。2020FJⅡH4：6，残。模制。素面，一面戳印"内"字款，字体规整，上笔出头。残长18.5厘米，残宽16厘米，厚5.5厘米（图五一，9；彩版九八，5）。2020FJⅡH4：8，模制。素面，一面戳印"内"字款，字体不规矩，深浅不匀，上笔不出头。残长24厘米，宽18厘米，厚6厘米（图五一九，5；彩版九八，6）。

手印纹砖　1块。2020FJⅡH4：7，残。模制。一面饰宽沟纹，一面压印有手掌纹。残长17厘米，残宽22厘米，厚5.5厘米，沟槽宽1.2厘米（图五一，8）。

宽沟纹砖　3块。残。模制。单面饰沟纹，沟槽较宽。2020FJⅡH4：1，残长18.2厘米，残

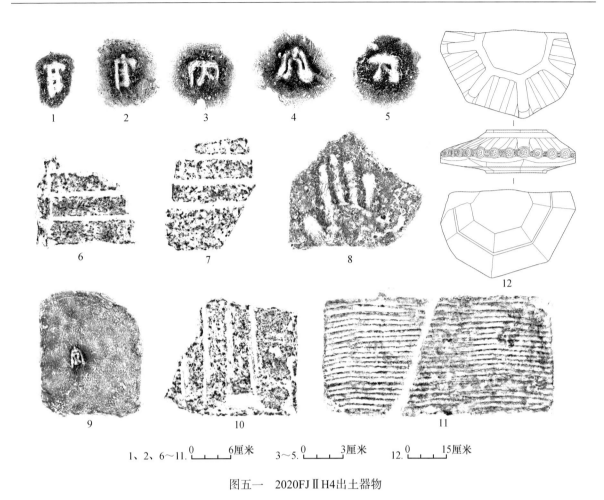

1、2、6～11. ├─┼─┼─┤ 0　　　6厘米　　3～5. ├─┼─┼─┤ 0　　3厘米　　12. ├─┼─┤ 0　　　15厘米

图五一　2020FJⅡH4出土器物

1、2."官"字款砖（2020FJⅡH4：2、2020FJⅡH4：3）　3～5、9."内"字款砖（2020FJⅡH4：4、2020FJⅡH4：5、

2020FJⅡH4：8、2020FJⅡH4：6）　6、7、10.宽沟纹砖（2020FJⅡH4：10、2020FJⅡH4：11、2020FJⅡH4：1）

8.手印纹砖（2020FJⅡH4：7）　11.细沟纹砖（2020FJⅡH4：9）　12.莲花石幢顶（2020FJⅡH4：12）

宽22.5厘米，厚5.5厘米，沟槽宽1厘米（图五一，10）。2020FJⅡH4：10，残长17.4厘米，残宽14厘米，厚5厘米，沟槽宽0.8厘米（图五一，6）。2020FJⅡH4：11，残长13厘米，残宽17厘米，厚5.6厘米，沟槽宽0.6～1.2厘米（图五一，7）。

细沟纹砖　1块。2020FJⅡH4：9，已残为两节。模制。单面饰20道细沟纹，沟槽较窄。长36厘米，宽18厘米，厚6厘米（图五一，11）。

莲花石幢顶　1件。2020FJⅡH4：12，残。汉白玉质。平顶，上下承接处为八角凸起榫卯结构，但已残去三个角，外围为八角起翘屋檐形制，四角残缺，檐头外浮雕宝相纹瓦当及勾檐形象。残宽52.5厘米，残高15.9厘米（图五一，12；彩版八九，2）。

# 第四节　清代遗存

2019～2020年在两个发掘区共发现清代道路2条、灰坑10个、墓葬18座。分别介绍如下。

# 一、道　路

### 1. 2019FJ Ⅰ L1

2019年在Ⅰ区南城墙北侧发现清代道路1条，编号2019FJⅠL1。该道路位于2019FJⅠT1内北部，叠压于第1b层下、第3层地层上，距地表深1.25米。道路呈东西向，与城墙走向平行，方向88°。东、西、北均延伸至探沟外，揭露部分东西长2.5米，南北宽4.2米（图五二）。

2019FJⅠL1路土厚0.1～0.3米，呈灰褐色，土质密实、较硬，由上到下有明显的起层，土质较杂，内含较多炭灰、陶渣、小鹅卵石等。路面高低不平，底部有被车辙碾压后形成的圜底

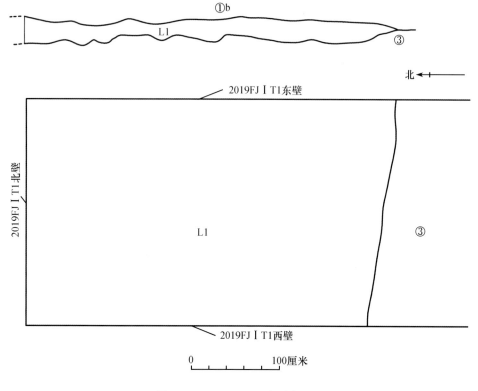

图五二　2019FJⅠL1平、剖面图

状沟槽，沟槽宽度、深浅不一。出土遗物以青花瓷片为主，另有少量的白釉瓷片、黑釉瓷片、白地黑花瓷片，以及残破的"乾隆通宝"铜钱1枚。

乾隆通宝 1枚。2019FJⅠL1：1，楷书，直读。正背郭缘略宽。背满文"宝泉"。钱径2.5厘米，穿径0.52厘米，郭宽0.2厘米，厚0.12厘米（图五四，1）。

### 2. 2020FJⅡL1

在高楼村西城墙遗址发掘区（Ⅱ区）发现的这条清代道路编号2020FJⅡL1，南北向，与城墙走向平行，方向358°。该道路主要跨2020FJⅡT0317、2020FJⅡT0417以及2020FJⅡT0217探方北侧，遭晚期破坏，直接发现于地层第1a、1b层下，叠压在金、元时期顺城街道路及路沟的上部，距地表深1.2米。道路东侧延伸至发掘区外，道路南段西侧紧贴城墙夯土东缘，西北被2020FJⅡH3打破，西南被2020FJⅡH2打破，揭露长度南北20米，现宽5.7～6.3米（图五三；彩版五八，1）。

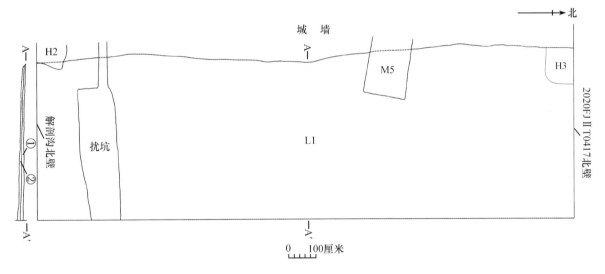

图五三 2020FJⅡL1平、剖面图

2020FJⅡL1路土堆积略呈西高东低状（靠墙体略高）。堆积厚0.2～0.45米，可分两小层。

2020FJⅡL1①厚0.12～0.3米，土色呈浅褐色，土质坚硬致密，路土有很明显的片状起层。路面垫有较多的碎瓦片、青砖残块及较小的沙石等（彩版五八，2）。路土中出土少量的沟纹砖残块、布纹瓦片及较少的碎小瓷片。瓷片以白釉为主，另有少量的青釉瓷和黑釉瓷，无可辨器型。还出土有石杵等物。

2020FJⅡL1②厚0.08~0.24米，土色较2020FJⅡL1①稍深，呈褐色，夹杂黄褐色淤沙土。与2020FJⅡL1①层路土的分界面上有很明显的踩踏、碾轧面，面上土质坚硬，起小薄层较明显。该层与2020FJⅡL1①层路土面一样，也堆垫较多的碎砖瓦残渣、沙石等。路土内出土白釉、青釉、酱釉、黑釉瓷片及陶片等，可辨器型有碗。还出土唐代、北宋铜钱等。

石杵　1件。2020FJⅡL1①：2，青石质。圆柱形柄，杵头近方形。柄直径4.1厘米，柄高5厘米，杵宽5.7厘米，通高8.3厘米（图五四，5；彩版九八，7）。

沟纹砖　1块（残）。2020FJⅡL1①：1，模制。单面饰宽沟纹，残留三道，沟槽宽0.7~1

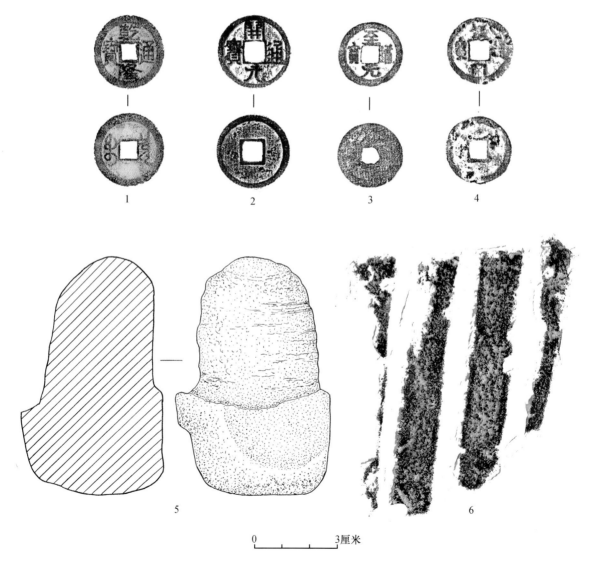

图五四　2019FJⅠL1、2020FJⅡL1出土器物

1.乾隆通宝（2019FJⅠL1：1）　2.开元通宝（2020FJⅡL1②：3）　3.至道元宝（2020FJⅡL1②：2）

4.皇宋通宝（2020FJⅡL1②：1）　5.石杵（2020FJⅡL1①：2）　6.沟纹砖（2020FJⅡL1①：1）

厘米。砖残长10厘米，残宽7.4厘米，厚4.5厘米（图五四，6）。

铜钱 共计3枚。

开元通宝 1枚。2020FJⅡL1②：3，方穿圆钱，正背有郭，郭缘略窄。正面楷书"开元通宝"四字，对读。光背素面。钱径2.6厘米，穿径0.7厘米，郭宽0.15厘米，厚0.2厘米（图五四，2）。

至道元宝 1枚。2020FJⅡL1②：2，方穿圆钱，正背有郭，郭缘略宽。正面隶书"至道元宝"四字，旋读。光背素面，磨郭。钱径2.3厘米，穿径0.6厘米，郭宽0.2厘米，厚0.15厘米（图五四，3）。

皇宋通宝 1枚。2020FJⅡL1②：1。方穿圆钱，正背有郭，郭缘略宽，锈蚀严重。正面篆书"皇宋通宝"四字，对读。光背素面。钱径2.4厘米，穿径0.8厘米，郭宽0.2厘米，厚0.15厘米（图五四，4）。

# 二、灰 坑

2019和2020年在两个发掘区（Ⅰ区和Ⅱ区）共清理清代灰坑10个，分别编号为2019FJⅠH2、2019FJⅠH3、2019FJⅠH5、2019FJⅠH6、2019FJⅠH7、2019FJⅠH8、2019FJⅠH9、2020FJⅡH1、2020FJⅡH2和2020FJⅡH3。

## 1. 2019FJⅠH2

位于2019FJⅠT2内南部，开口于第1b层下，向下打破第2、5、6层，开口距地表3米。南北向，平面近椭圆形，南北长3.5米，东西宽1.6米，残深0.35～0.55米，四壁为斜壁，底部呈北高南低斜坡状（图五五）。

内填红色花土，土质略疏松，较纯净，为一次性堆积。出土少量陶片、青花瓷片、白釉瓷片、碎砖、素面瓦片、兽骨块等。砖块为素面，残宽16厘米，厚5.5厘米；泥质灰陶片多为素面，部分有凹弦纹。泥质红陶片均为素面，可辨器形为罐，均不可复原。

沟纹砖残块 1件。2019FJⅠH2：1，模制。背面六道宽沟纹，沟槽宽0.7～1厘米。砖残长13厘米，残宽15.4厘米，厚4厘米（图六六，4）。

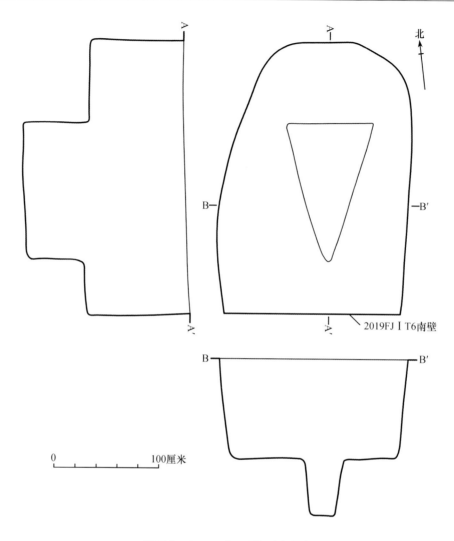

图五七　2019FJⅠH5平、剖面图

壁内折收，底部呈三角状，北边宽0.85米，两侧长1.5米，坑上部深0.9米，下部深0.3米（图五七）。

灰坑内填红褐色花土，土质疏松，夹杂大量的褐色胶泥块，出土动物骨骼以及青灰色素面砖，部分砖面抹有白灰痕迹，砖规格36厘米×16厘米×4.5厘米。

**4. 2019FJⅠH6**

位于2019FJⅠT6内西部，开口于第2层下，向下打破第4、5层，坑口距地表2.5米。南端向南延伸至探沟外，暴露在探沟内的平面近似长方形，东西向，南北残宽1.45米，东西长2米，深0.7米，口大底小，四壁稍斜，底部较平（图五八）。

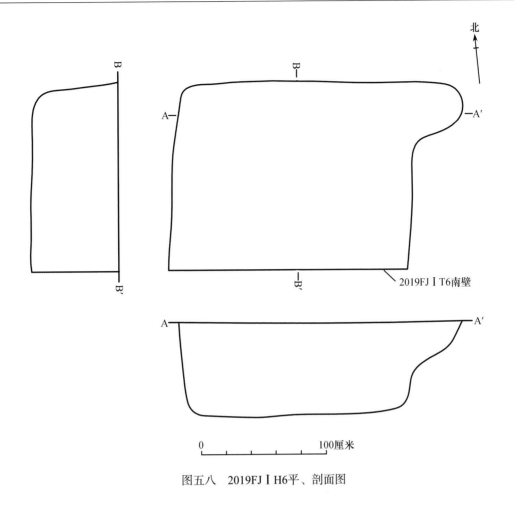

北

2019FJ Ⅰ T6南壁

0 100厘米

图五八 2019FJ Ⅰ H6平、剖面图

灰坑内填红褐色花土，土质疏松，夹杂大量的褐色胶泥块，零星炭灰、烧土颗粒、白灰颗粒等。出土遗物有布纹瓦片、碎砖块、青釉瓷片、泥质红陶片、灰陶片等。

**5. 2019FJ Ⅰ H7**

位于2019FJ Ⅰ T6内西部，开口于第1b层下，向下打破第2层，坑口距地表1.85米。南端向南延伸至探沟外，暴露在探沟内的平面近长方形，南北残长1.63米，东西宽1.05米，深0.85米。口大底小，四壁稍斜，底部较平（图五九）。

灰坑内填红褐色花土，土质疏松，夹杂大量的褐色胶泥块，少量炭灰、烧土颗粒、白灰颗粒及动物骨骼等。出土遗物有布纹瓦片、碎砖块、夹砂红陶片等。

**6. 2019FJ Ⅰ H8**

位于2019FJ Ⅰ T6内西部，开口于第1b层下，向下打破第2层，坑口距地表1.9米。南端向

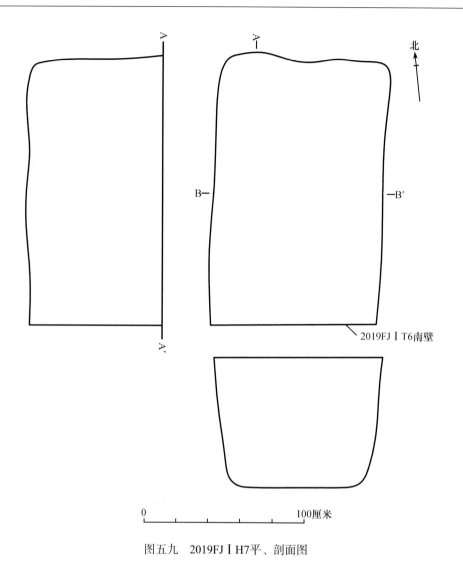

图五九　2019FJⅠH7平、剖面图

南延伸至探沟外，暴露在探沟内平面近长方形，南北残长2.05米，东西长0.6～1.05米，深0.38米。口大底小，北窄南宽，四壁稍斜，底部较平（图六〇）。

灰坑内填红褐色花土，土质疏松，夹杂大量的褐色胶泥块，少量炭灰、烧土颗粒、白灰颗粒及动物骨骼等。出土遗物有布纹瓦片、碎砖块、红陶残片等。

### 7. 2019FJⅠH9

位于2019FJⅠT1内南半部，开口于第2层下，坑口距地表深3米。东西两侧均向外延伸至探沟外，已揭露部分南北宽17.2米，坑深0.1～1.2米。形状不规则，斜壁，坑底不平，中部凸起，从剖面看把底分成两个圜形坑（图六一）。

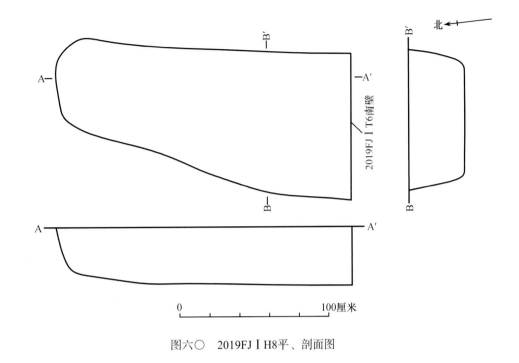

图六〇 2019FJⅠH8平、剖面图

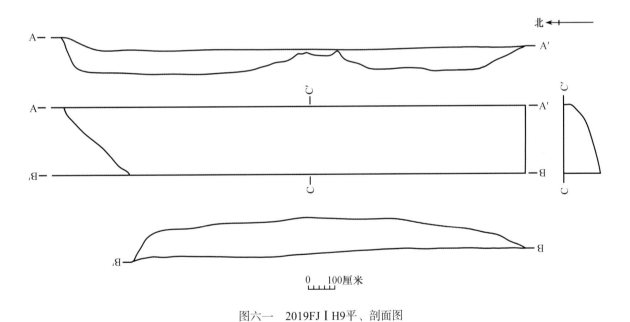

图六一 2019FJⅠH9平、剖面图

　　灰坑内填土呈红褐色，另有黄色淤沙块，底部厚约0.4米，可明显看到平行的淤土层，并夹有黄色沙性淤土。内含少量炭灰粒、红烧土粒、白灰粒等，出土遗物有青花瓷片、绿釉灰白胎的三彩瓷片、白釉瓷碗残片、酱釉鸡腿瓶残片等。

### 8. 2020FJⅡH1

位于发掘区的东部，分布于2020FJⅡT0415的中部，开口于第2层下，打破第3、第4层，距地表约1.5米。平面近圆形，直径1.6米，深1.2米，圜底，斜壁（图六二）。

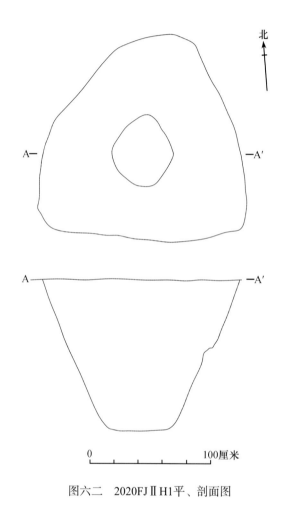

图六二　2020FJⅡH1平、剖面图

灰坑内填土为灰褐色，土质疏松，包含草木灰颗粒、陶片等。出土布纹瓦片、绳纹青砖块、沟纹砖及素面砖等。

出土器物　1件。

沟纹砖　1块。2020FJⅡH1∶1，模制。单面六道沟纹，沟槽略宽。长36厘米，宽19厘米，厚6厘米（图六五，6）。

**9. 2020FJⅡH2**

位于发掘区的东部，分布于2020FJⅡT0317的西南部，南部延伸至探方外。开口于第1b层下，向下打破城墙和清代道路遗迹，距地表约1.2米。暴露部分平面呈不规则长方形，坑口东西3.4米，南北1.1米，坑底东西3.2米，坑深0.22米（图六三）。

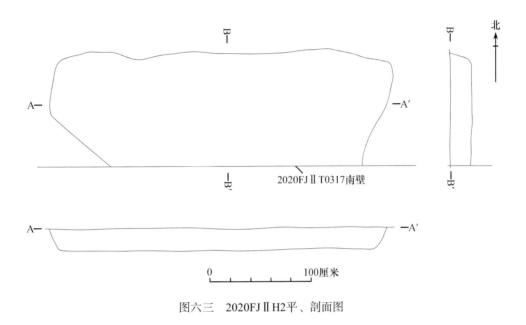

图六三　2020FJⅡH2平、剖面图

坑壁粗糙，斜壁内收，坑底较平。内填浅灰褐色土，土质较致密，包含较多碎砖块、瓦片、少量烧土粒、碎石块等。出土遗物有泥质灰陶片、夹砂红陶片；瓷片以白釉居多，部分有剔花，少量天蓝釉及青釉瓷片，可辨器形为碗。

**10. 2020FJⅡH3**

位于发掘区的东部，分布于2020FJⅡT0417内西北部，北部延伸至探方外。开口于第1b层下，向下打破2020FJⅡL2G1和西城墙遗迹，距地表约1.2米。暴露部分平面呈长方形，坑口东西长1.26米，南北残宽0.82米，坑底东西1.15米，坑深0.8米（图六四）。

坑壁粗糙，略内收，坑底较平。内填浅灰褐色土，土质较疏松，包含少量草木灰、烧土粒等。出土遗物有陶、瓷片。陶片有夹砂红陶片与泥质灰陶片，瓷片以白釉为主，极少量青釉及褐釉，可辨器形有碗、盏等。

瓷盏　1件（残）。2020FJⅡH3∶1，敞口，圆唇，斜腹，平底。酱釉，内外施至腹中部。

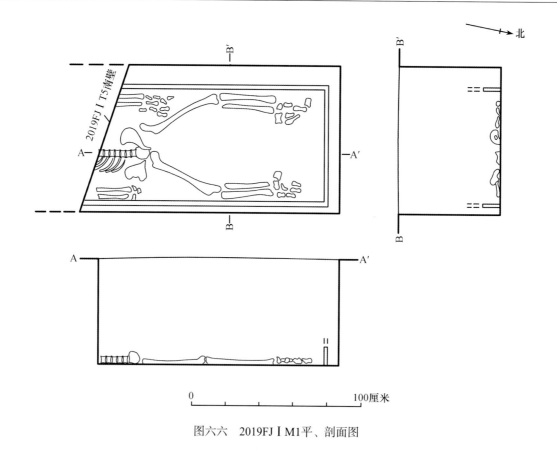

图六六　2019FJⅠM1平、剖面图

葬具为木棺，腐朽严重，仅存棺痕，南北残长1.21～1.47米，宽0.68米，残高0.1米，板痕厚约0.04米。棺内葬置人架一具，保存一般，以发掘情况来看头向南，为仰身直肢葬，面向、性别、年龄不详。

未发现随葬品。

### 2. 2019FJⅠM2

位于2019FJⅠT2探沟内东南部，北邻2019FJⅠH2。开口于第1b层下，向下打破第5、6层，墓口距地表3.8米。南北向，方向345°。为长方形竖穴土圹单室墓，南北长2.1米，宽0.6～0.75米，墓底距墓口深0.55米。北宽南窄，四壁整齐，底部较平（图六七）。内填红褐色花土，土质较硬。

土圹内未见葬具及人骨痕迹，在附近2019FJⅠT2①b地层中发现棺木残块、釉陶罐、金簪、金戒指、银压发，推测是该墓被后期扰动后散入地层中，器物在上述地层中已做描述。

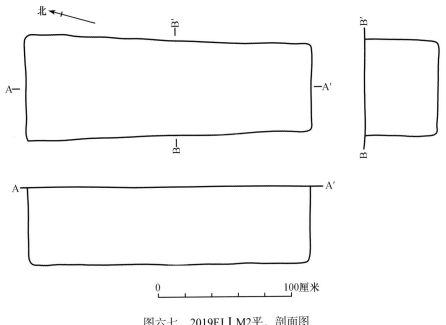

图六七 2019FJⅠM2平、剖面图

### 3. 2019FJⅡM3

位于2019FJⅡT1探沟中部南侧，开口于第2层下，向下打破第3a层和2019FJⅡT1G1东端雁翅，墓口距地表1.3米，方向151°。该墓为长方形竖穴土圹单室墓，东西长2.3米，南北0.7米，墓底距墓口深1.1米。墓壁整齐，墓底较平，内填褐色花土，土质较硬（图六八；彩版五九，1）。

葬具为木棺，腐朽严重。木棺平面呈梯形，东西长2.12米，南北宽0.6~0.7米，残高0.5米，厚0.04米。棺内葬置人骨一具，保存一般，头向东南，面向上，为仰身直肢葬，骨架长约1.7米，性别女，年龄50岁左右。

出土器物14件，皆放置于棺内。

银簪 3件（残）。2019FJⅡM3：1，方首卷曲，上錾刻凹槽纹。簪身扁平，素面，呈上宽下窄形状。通长16.5厘米（图六九，1；彩版九九，2）。2019FJⅡM3：6，簪体呈圆锥状，器身錾刻纹饰，锈蚀严重，纹饰不清。残长11.6厘米（图六九，2）。2019FJⅡM3：7，簪首残缺，簪体呈圆锥状。残长10.4厘米（图六九，3）。

银耳环 3件。统一编号为2019FJⅡM3：3，圆环状。外径1.8厘米，内径1.5厘米（图六九，6；彩版九九，3）。

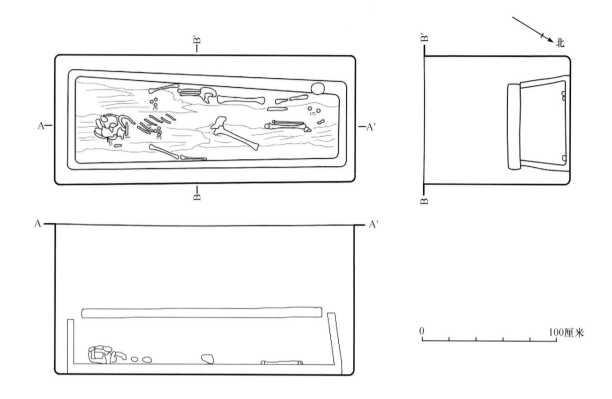

图六八　2019FJⅡM3平、剖面图

1、6、7.银簪　2、4.料珠（6枚）　3.银耳环　5.铜钱　8.铜珠

料珠　6件。其中5件形制相同，统一编号为2019FJⅡM3：2，橙色玛瑙石，圆形，中空为穿。直径0.8～1厘米，孔径0.2厘米（图六九，7；彩版九九，4）。另1件呈椭圆形。编号为2019FJⅡM3：4，中部穿孔。直径0.6～0.8厘米，孔径0.1厘米（图六九，4）。

铜珠　1件。2019FJⅡM3：8，圆形球状。直径0.8厘米（图六九，5）。

乾隆通宝　1枚（残）。2019FJⅡM3：5，楷书，直读。钱背满文"宝泉"。钱径2.3厘米，孔径0.7厘米，厚0.12厘米（图六九，8）。

### 4. 2020FJⅡM4

位于发掘区的东部，2020FJⅡT0417探方内西南角，东北距2020FJⅡM5约1米。开口于第1b层下，北部已被扰乱，墓口距地表深1.2米。南北向，方向342°。该墓为不规则长方形竖穴土圹双人合葬墓，西侧墓穴打破东侧墓穴，墓口长2.4～2.95米，宽1.6～1.8米，墓底距墓口深0.36～0.64米。四壁整齐，墓底较平，内填黄褐色花土，土质疏松（图七〇；彩版五九，2）。

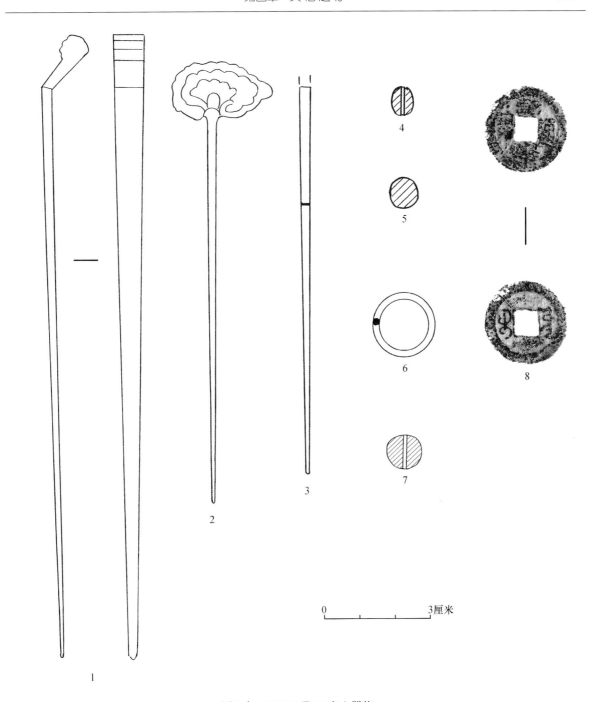

图六九 2019FJⅡM3出土器物

1~3.银簪（2019FJⅡM3：1、2019FJⅡM3：6、2019FJⅡM3：7） 4、7.料珠（2019FJⅡM3：4、2019FJⅡM3：2）

5.铜珠（2019FJⅡM3：8） 6.银环（2019FJⅡM3：3） 8.乾隆通宝（2019FJⅡM3：5）

葬具为木棺，腐朽严重，仅存朽痕。西棺痕残长1.6米，宽0.58米，残高0.16米，板痕厚约0.03米。棺内葬置人骨一具，女性，头骨已被扰乱不见，头向西北，仰身直肢葬，人骨下铺垫一层厚约1厘米白灰。东棺痕残长1.5米，宽0.56米，残高0.16米，板厚约0.03米。棺内葬置人骨

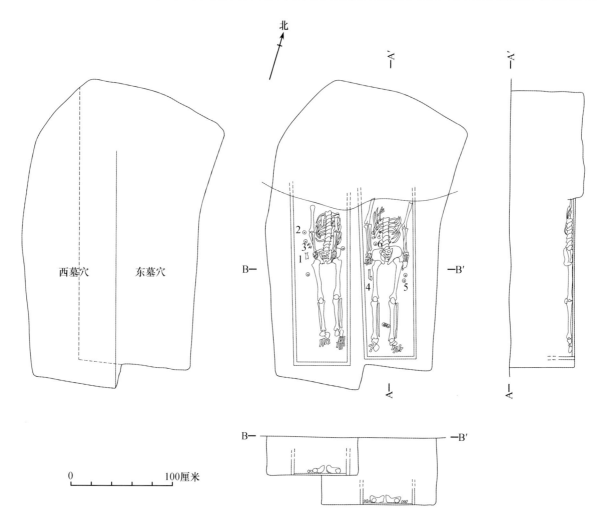

图七〇　2020FJⅡM4平、剖面图

1. 玉烟嘴　2、5. 铜钱　3、6. 铜扣　4. 铜烟锅

一具，男性，骨架的头骨及部分肋骨已被扰乱不见，头向西北，为仰身直肢葬。

随葬器物6件。西棺内放置玉烟嘴、铜扣各1件，铜钱4枚；东棺内放置铜烟锅、铜扣各1件，铜钱5枚。

玉烟嘴　1件。2020FJⅡM4：1，白玉前端红绿点彩，中空。通长4厘米，直径1.3厘米（图七一，7；彩版九九，5）。

铜扣　2件。发现于东、西两棺内，分别编号2020FJⅡM4：6、2020FJⅡM4：3，每组3件。2020FJⅡM4：3-1，铜铃状扣身，錾刻花卉草叶纹，底单朵折枝莲花。扣鼻残缺。直径1.3厘米，残高1.6厘米（图七一，1）。2020FJⅡM4：3-2，铜铃状扣身，錾刻假山石草叶纹，

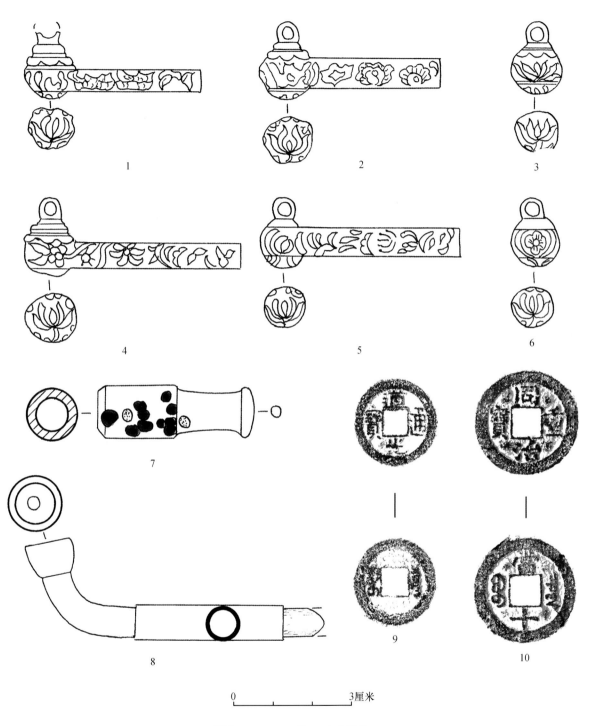

图七一　2020FJⅡM4出土器物

1~6.铜扣（2020FJⅡM4：3-1、2020FJⅡM4：3-2、2020FJⅡM4：3-3、2020FJⅡM4：6-1、2020FJⅡM4：6-2、

2020FJⅡM4：6-3）　7.玉烟嘴（2020FJⅡM4：1）　8.铜烟锅（2020FJⅡM4：4）

9.道光通宝（2020FJⅡM4：5）　10.同治重宝（2020FJⅡM4：2）

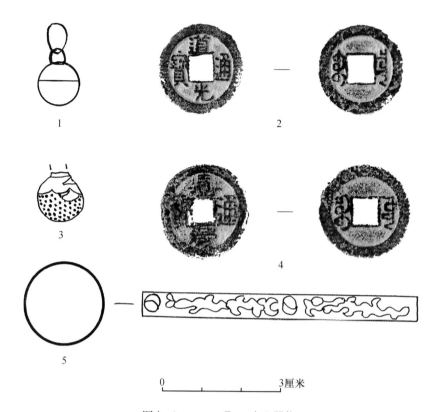

图七三　2020FJⅡM5出土器物

1. 铜耳坠（2020FJⅡM5：1）　2. 道光通宝（2020FJⅡM5：4-2）　3. 铜扣（2020FJⅡM5：3）

4. 嘉庆通宝（2020FJⅡM5：4-1）　5. 铜戒指（2020FJⅡM5：2）

铜钱　4枚。

嘉庆通宝　1枚。2020FJⅡM5：4-1，楷书，直读。正背有郭，郭缘略宽。背满文"宝源"。钱径2.3厘米，穿径0.6厘米，郭宽0.3厘米，厚0.15厘米（图七三，4）。

道光通宝　3枚。标本2020FJⅡM5：4-2，楷书，直读。正背有郭，郭缘略宽。背满文"宝泉"。钱径2.1厘米，穿径0.6厘米，厚0.1厘米（图七三，2）。

### 6. 2020FJⅡM6

位于发掘区的东部，分布于2020FJⅡT0417探方东部，西距2020FJⅡM5约1米。开口于第1b层下，墓口距地表深1.2米。东西向，方向280°。该墓为不规则长方形竖穴土圹双人合葬墓，北侧墓穴打破南侧墓穴，土圹东西长2.4～2.66米，南北宽1.7米，墓底距墓口深0.4～0.46米。四壁整齐，墓底较平，内填黄褐色花土，土质疏松（图七四；彩版六〇，2）。

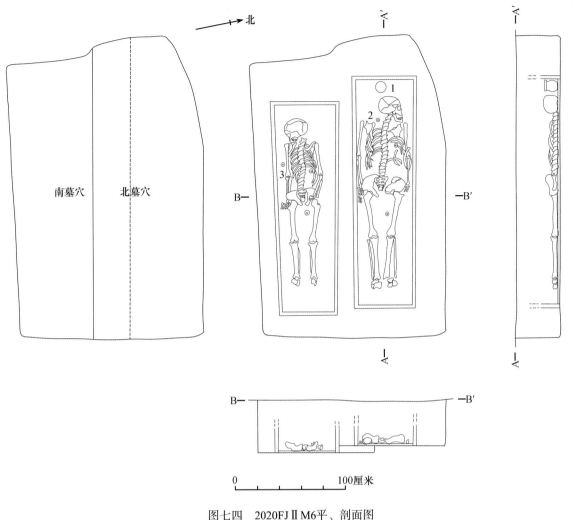

图七四 2020FJⅡM6平、剖面图

1.釉陶罐 2、3.铜钱 4.釉陶罐（填土）

葬具为木棺，腐朽严重，仅存朽痕。北棺平面呈长方形，东西长2.04米，宽0.54～0.58米，残高0.18米，板痕厚约0.04米。棺内葬置人骨一具，保存一般，男性，头向西，面向北，仰身直肢葬，人骨长约1.7米。南棺平面呈长方形，东西长1.88米，宽0.56～0.62米，残高0.2米，板厚约0.03米。棺内葬置人骨一具，女性，保存较差，头向西，面向南，为仰身直肢葬，人骨长约1.5米。

随葬器物4件。其中北棺内出土釉陶罐1件，铜钱2枚；南棺出土铜钱3枚。另在填土中发现釉陶罐1件。

釉陶罐 2件。形制相同，泥质红陶。敞口，圆唇，束颈，深腹，肩部微鼓，平底。腹部饰凹弦纹。酱黄釉，口沿及上腹施釉，边缘流釉痕迹明显。2020FJⅡM6：1，口径10.4厘米，

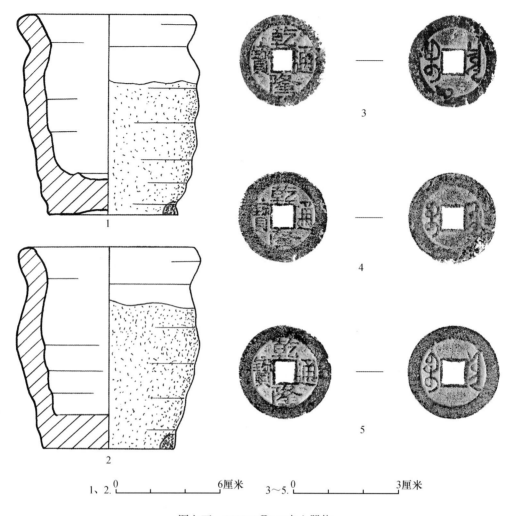

1、2. 0 ————————— 6厘米    3～5. 0 ————— 3厘米

图七五　2020FJⅡM6出土器物

1、2. 釉陶罐（2020FJⅡM6：1、2020FJⅡM6：4）　3～5. 乾隆通宝（2020FJⅡM6：3-1、2020FJⅡM6：2-2、2020FJⅡM6：2-1）

底径7.4厘米，通高11厘米（图七五，1；彩版一〇〇，3）；2020FJⅡM6：4，口径11厘米，底径7.6厘米，通高11厘米（图七五，2；彩版一〇〇，4）。

铜钱　5枚，均为"乾隆通宝"，出土于南、北两棺内，分别编号2020FJⅡM6：3（3件）、2020FJⅡM6：2（2件）。

乾隆通宝　标本2020FJⅡM6：2-1，楷书，直读。正背有郭，郭缘较宽。背满文"宝云"。钱径2.6厘米，穿径0.6厘米，郭宽0.3厘米，厚0.2厘米（图七五，5）。标本2020FJⅡM6：2-2，楷书，直读。正背有郭，郭缘较宽。背满文"宝源"。钱径2.6厘米，穿径0.6厘米，郭宽0.3厘米，厚0.2厘米（图七五，4）。标本2020FJⅡM6：3-1，楷书，直读。正背有郭，郭缘较宽。背满文"宝泉"。钱径2.6厘米，穿径0.6厘米，郭宽0.3厘米，厚0.2厘米（图七五，3）。

### 7. 2020FJⅡM7

位于发掘区的东部，2020FJⅡT0417探方内东部，南距2020FJⅡM6约2米，东部延伸至探方外。开口于第1b层下，墓口距地表深1.2米。东西向，方向265°。清理出来的部分为长方形竖穴土圹单棺墓，破坏严重，仅存底部，东西残长1.8米，宽0.98~1.04米，墓底距墓口深0.12米。墓壁整齐竖直，墓底较平。内填黄褐色花土，土质疏松（图七六）。

葬具为木棺，仅存部分腐朽痕迹，东西残长1.36米，宽0.56~0.68米，残高0.12米。棺内葬置人骨一具，保存较差，头骨及南侧上肢骨已被扰乱不见，头向西，仰身直肢葬，性别不详。

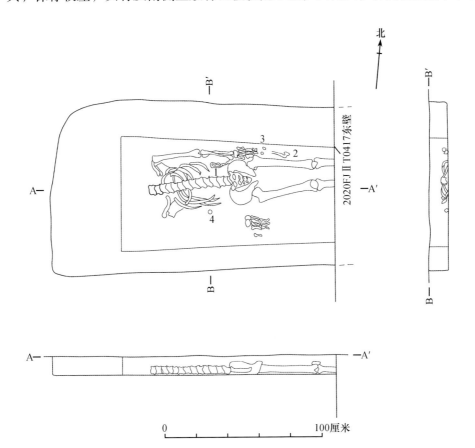

图七六 2020FJⅡM7平、剖面图

1. 铜链 2. 铜烟锅 3. 料珠 4. 铜扣 5. 铜钱（填土）

随葬器物5件，棺内人骨附近随葬4件，另在填土中采集铜钱2枚。

铜链　1件。2020FJⅡM7：1，上端为曲针状活结扣，圆环结扣通过上下移动解锁扣。下接"S"形结，再下接一较大圆环，圆环套两条铜链，每条有20个椭圆形的铜环相扣。通长29.2厘米。单个铜环直径0.6～0.9厘米（图七七，1；彩版一〇〇，5）。

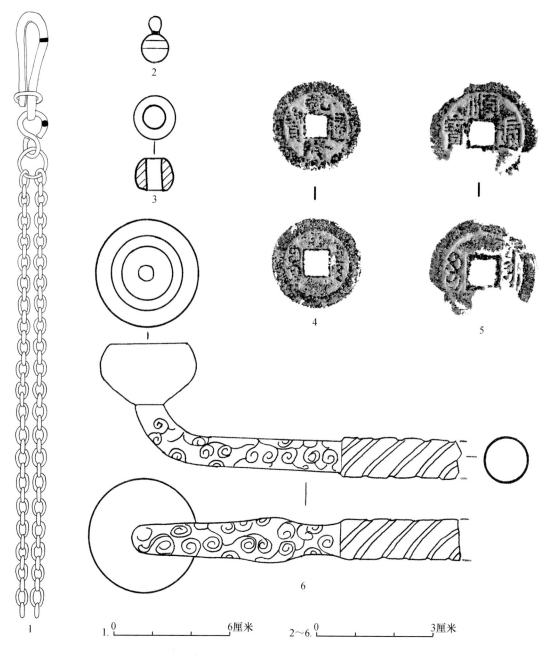

图七七　2020FJⅡM7出土器物

1.铜链（2020FJⅡM7：1）　2.铜扣（2020FJⅡM7：4）　3.料珠（2020FJⅡM7：3）

4.乾隆通宝（2020FJⅡM7：5-2）　5.顺治通宝（2020FJⅡM7：5-1）　6.铜烟锅（2020FJⅡM7：2）

铜烟锅 1件（残）。2020FJⅡM7：2，喇叭状烟锅，烟管中端扁平，錾刻卷草纹，末端略粗，呈麻花状中空。烟锅口径1.8厘米，烟管直径1.1厘米，通长9.5厘米，通高2.9厘米（图七七，6；彩版一〇〇，6）。

料珠 1件。2020FJⅡM7：3，白色，圆形中空。直径1厘米，孔径0.4厘米（图七七，3）。

铜扣 1件。2020FJⅡM7：4，圆形扣身上饰凹弦纹，顶部椭圆形扣鼻。直径0.8厘米，高1.2厘米（图七七，2）。

铜钱 2枚。编号为2020FJⅡM7：5。

顺治通宝 1枚。2020FJⅡM7：5-1，楷书，直读。正背有郭，郭缘略宽。"治"字残缺。背满文"宝泉"。钱径2.6厘米，穿径0.7厘米，郭宽0.3厘米，厚0.15厘米（图七七，5）。

乾隆通宝 1枚。2020FJⅡM7：5-2，楷书，直读。正背有郭，郭缘略宽。背满文"宝泉"。钱径2.6厘米，穿径0.6厘米，郭宽0.3厘米，厚0.2厘米（图七七，4）。

### 8. 2020FJⅠM8

位于发掘区Ⅰ区西南部，2020FJⅠT0302探方东南部，开口于第1层下，墓口距地表1.3米。南北向，方向354°。该墓为长方形竖穴土圹双棺合葬墓，南北长3.1米，东西宽1.5米，上部被现代层破坏，残深0.2米。四壁整齐竖直，墓底较平。内填黄褐色花土，土质疏松（图七八；彩版五九，3）。

葬具为木棺，腐朽严重，仅存朽痕。东棺平面呈长方形，南北长2.02米，宽0.7米，厚0.04米，残高0.1米。棺内葬置人骨一具，保存较好，头向北，面向上，侧身屈肢葬，骨架长1.3米。西棺平面呈长方形，南北长1.8米，宽0.52～0.6米，厚0.04米，残高0.1米。棺内葬置人骨一具，保存较差，头向北，面向上，侧身屈肢葬，骨架较乱，应为迁葬墓，骨架长1.3米。

随葬器物5件，其中除了在西棺出土铜钱外，其他随葬品均放置于两棺外北侧。

铜镜 1件（残）。2020FJⅠM8：1，圆形，镜面较平，背中纽已残缺，可见两处椭圆焊接痕迹。镜缘斜折。直径20厘米，厚0.5厘米（图七九，1；彩版一〇二，1）。

釉陶罐 2件。2020FJⅠM8：2，敞口，圆唇，束颈，肩部略鼓，斜直腹，平底。酱黄釉，肩及口沿施釉，腹部有流釉痕迹。口径11厘米，肩径11.6厘米，底径8.4厘米，通高11.6厘

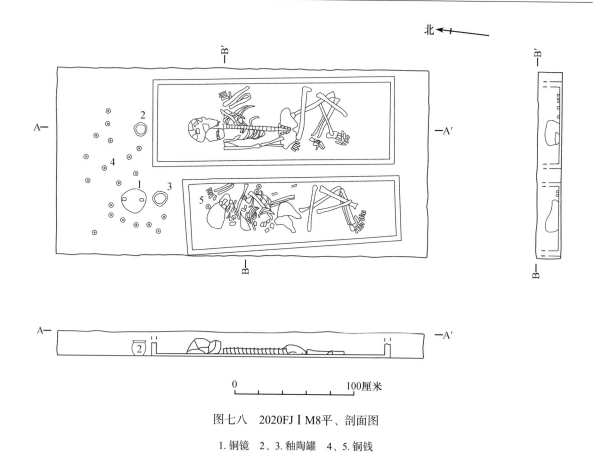

图七八　2020FJⅠM8平、剖面图

1. 铜镜　2、3.釉陶罐　4、5.铜钱

米（图七九，2；彩版一〇二，2）。2020FJⅠM8：3，敞口，圆唇，束颈，溜肩，斜直腹，平底。施酱黄釉，内满釉，外至腹中部。口径10厘米，腹径12厘米，底径8厘米，通高12厘米（图七九，3；彩版一〇二，3）。

铜钱　23枚，发现于两棺外和西棺内，分别编号2020FJⅠM8：4、2020FJⅠM8：5。

开元通宝　1枚。2020FJⅠM8：4-1，隶书，直读。正背有郭，郭缘略宽，光背。钱径2.5厘米，穿径0.7厘米，郭宽0.2厘米，厚0.14厘米（图七九，4）。

大定通宝　1枚。2020FJⅠM8：4-2，仿金体，直读。正背窄边郭，光背。钱径2.45厘米，穿径0.68厘米，郭宽0.18厘米，厚0.13厘米（图七九，5）。

崇宁重宝　1枚。2020FJⅠM8：4-3，隶书，直读。正背窄边郭，光背。钱径3.2厘米，穿径0.76厘米，郭宽0.13厘米，厚0.15厘米（图七九，13）。

元祐通宝　1枚。2020FJⅠM8：4-4，行书，旋读。正背宽边郭，光背。钱径2.2厘米，穿径0.6厘米，郭宽0.2厘米，厚0.12厘米（图七九，6）。

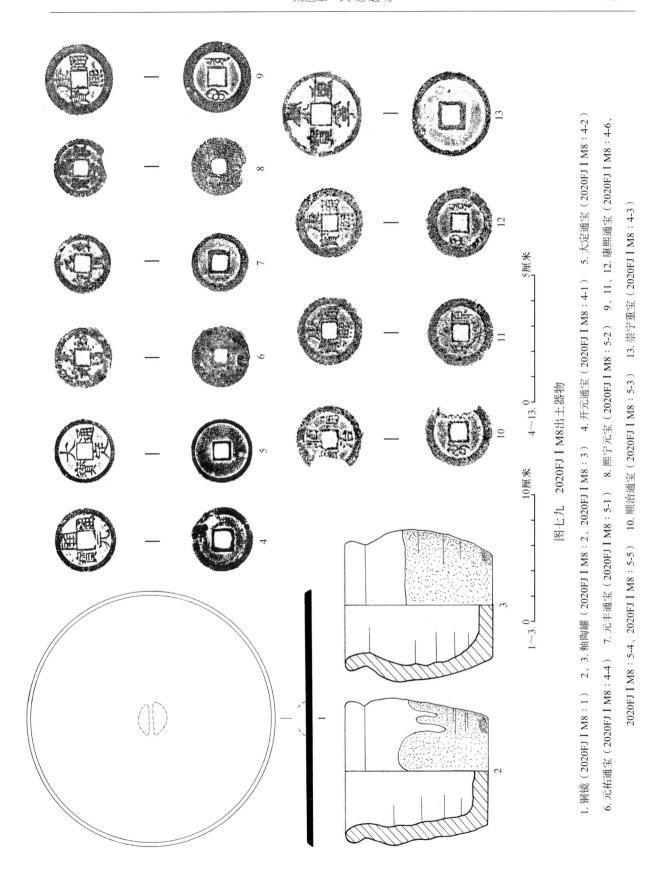

图七九 2020FJⅠM8出土器物

1. 铜镜（2020FJⅠM8∶1） 2、3. 釉陶罐（2020FJⅠM8∶2、2020FJⅠM8∶3） 4. 开元通宝（2020FJⅠM8∶4-1） 5. 大定通宝（2020FJⅠM8∶4-2）
6. 元祐通宝（2020FJⅠM8∶4-4） 7. 元丰通宝（2020FJⅠM8∶5-1） 8. 熙宁元宝（2020FJⅠM8∶5-2） 9、11、12. 康熙通宝（2020FJⅠM8∶4-6、
2020FJⅠM8∶5-4、2020FJⅠM8∶5-5） 10. 顺治通宝（2020FJⅠM8∶5-3） 13. 崇宁重宝（2020FJⅠM8∶4-3）

元丰通宝　1枚。2020FJⅠM8：5-1，行书，旋读，光背。正背郭缘略宽。钱径2.3厘米，穿径0.67厘米，郭宽0.2厘米，厚0.13厘米（图七九，7）。

熙宁元宝　1枚。2020FJⅠM8：5-2，楷书，旋读。光背。郭缘略宽。钱径2.26厘米，穿0.6厘米，郭宽0.2厘米，厚0.13厘米（图七九，8）。

顺治通宝　1枚。2020FJⅠM8：5-3，楷书，直读。正面边郭宽于背面。"宝"字残缺。背满文"宝■"。钱径2.6厘米，穿径0.7厘米，郭宽0.2～0.3厘米，厚0.13厘米（图七九，10）。

康熙通宝　19枚"宝泉"局。标本2020FJⅠM8：4-6，楷书，直读。正背郭缘较宽。背满文"宝泉"。钱径2.8厘米，穿径0.7厘米，郭宽0.34厘米，厚0.13厘米（图七九，9）。

康熙通宝　1枚"宝原"局。2020FJⅠM8：5-4，楷书，直读。正背郭缘略宽。背满文"宝原"。钱径2.6厘米，穿径0.7厘米，郭宽0.3厘米，厚0.13厘米（图七九，11）。

康熙通宝　1枚"宝临"局。2020FJⅠM8：5-5，楷书，直读。正背郭缘略宽。背满文"宝临"。钱径2.6厘米，穿径0.7厘米，郭宽0.3厘米，厚0.13厘米（图七九，12）。

### 9. 2020FJⅠM9

位于发掘区西南部，分布于2020FJⅠT0202与2020FJⅠT0302探方内。开口于第1层下，墓口距地表1.2米。南北向，方向319°。该墓为长方形竖穴土圹单棺墓，南北长2米，宽0.7米，深0.3米。四壁整齐竖直，底部较平，内填黄褐色花土，土质疏松（图八〇）。

未见葬具痕迹，土圹内葬置人骨一具，保存一般，头向北，面向上，葬式为仰身直肢葬，骨架长度1.6米。

未见随葬器物。

### 10. 2020FJⅠM10

位于发掘区西南部，2020FJⅠT0301探方南部，东侧被现代坑打破。开口于第1层下，墓口距地表1.2米。南北向，方向1°。该墓为长方形竖穴土圹单棺墓，南北长2.6米，东西宽0.88米，深0.2米（图八一）。

葬具为木棺，腐朽严重，仅存朽痕。棺痕平面呈长方形，南北长2.1米，东西宽0.5～0.6

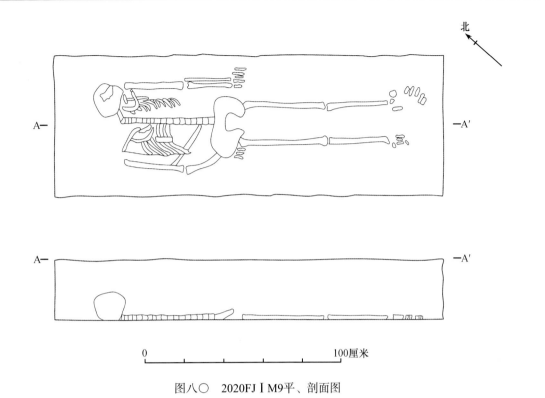

图八〇 2020FJⅠM9平、剖面图

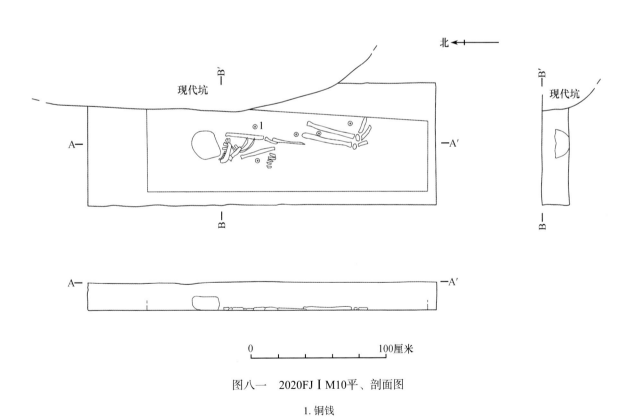

图八一 2020FJⅠM10平、剖面图

1.铜钱

米，残高0.15米。棺内葬置人骨一具，保存较差、骨架凌乱。头向北，面向上，仰身直肢葬，骨架长1.32米。

随葬器物1件。仅在人骨附近发现铜钱12枚。

顺治通宝　2枚。标本2020FJⅠM10：1-1，楷书，直读。正背郭缘略宽。背满文"宝源"。钱径2.6厘米，穿径0.7厘米，郭宽0.3厘米，厚0.14厘米（图八二，1）。

康熙通宝　9枚。标本2020FJⅠM10：1-2，楷书，直读。正背郭缘略宽。背满文"宝源"。钱径2.7厘米，穿径0.6厘米，郭宽0.3厘米，厚0.14厘米（图八二，2）。标本2020FJⅠM10：1-3，楷书，直读。正背郭缘略宽。背满文"宝原"。钱径2.7厘米，穿径0.6厘米，郭宽0.3厘米，厚0.14厘米（图八二，3）。标本2020FJⅠM10：1-4，楷书，直读。正背郭缘略宽。背满文"宝泉"。钱径2.7厘米，穿径0.6厘米，郭宽0.3厘米，厚0.14厘米（图八二，4）。

雍正通宝　1枚。2020FJⅠM10：1-5，楷书，直读。正背郭缘略宽。背满文"宝泉"。钱径2.65厘米，穿径0.6厘米，郭宽0.4厘米，厚0.14厘米（图八二，5）。

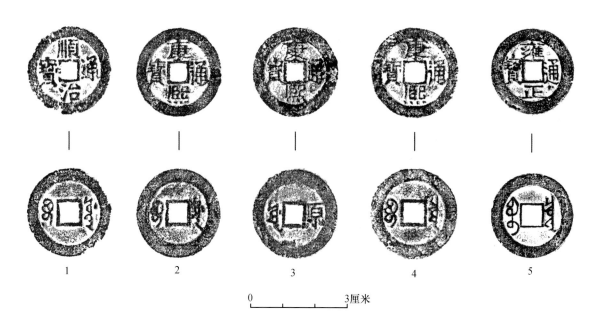

图八二　2020FJⅠM10出土器物

1.顺治通宝（2020FJⅠM10：1-1）　2～4.康熙通宝（2020FJⅠM10：1-2、2020FJⅠM10：1-3、2020FJⅠM10：1-4）

5.雍正通宝（2020FJⅠM10：1-5）

## 11. 2020FJⅠM11

位于发掘区西南部，2020FJⅠT0202探方东北部，西邻2020FJⅠM9。开口于第1层下，墓口距地表1.2米。东西向，方向273°。该墓为长方形竖穴土圹单棺墓，东西长2.1米，南北宽0.6米，深0.2米。四壁整齐竖直，墓底较平，内填黄褐色花土，土质疏松（图八三；彩版六一，2）。

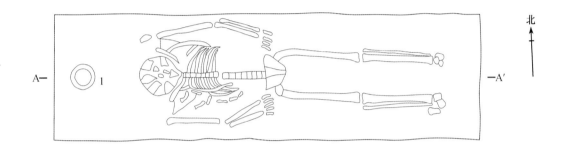

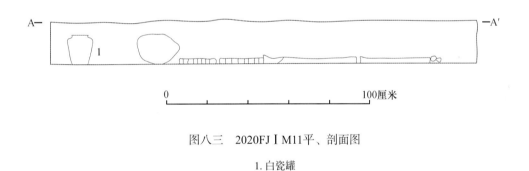

图八三　2020FJⅠM11平、剖面图

1. 白瓷罐

未见葬具。土圹内葬置人骨一具，保存较好，头向西，面向上，仰身直肢葬，骨架长1.5米。

随葬器物1件，出土于头骨上方。

白瓷罐　1件。2020FJⅠM11：1，敛口，圆唇，矮领，溜肩，斜直腹，平底内凹。白釉，釉色莹润有光泽，芒口露红，底部无釉。白胎，胎质细腻。口径8.4厘米，腹径12.8厘米，底径9厘米，通高14厘米（图八七，5；彩版一〇一，1）。

### 12. 2020FJⅠM12

位于发掘区西南部，2020FJⅠT0202探方中部，东北邻2020FJⅠM11，西侧打破2020FJⅠM13。开口于第1层下，墓口距地表1.3米，方向319°。该墓为长方形竖穴土圹单棺墓，南北长2.06米，东西宽0.8米，深0.2米。四壁整齐竖直，墓底较平，内填黄褐色花土，土质疏松（图八四）。

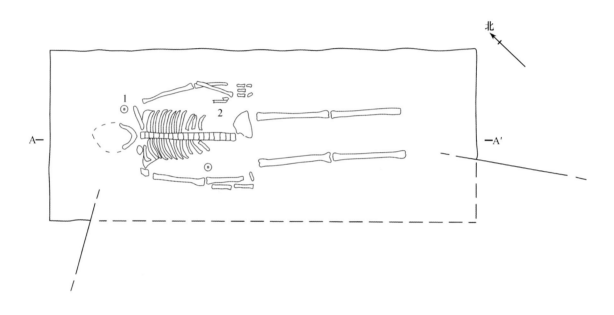

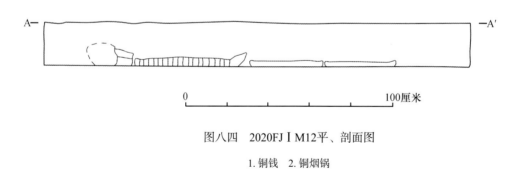

图八四　2020FJⅠM12平、剖面图

1. 铜钱　2. 铜烟锅

未见葬具痕迹，土圹内葬置人骨一具，保存较差，头向西北，面向上，仰身直肢葬，骨架长1.5米。

随葬器物2件，置于人骨附近。

铜烟锅　1件。2020FJⅠM12：2，喇叭状烟锅，圆柱形烟管，中空。烟锅口径1.9厘米，烟管直径1厘米，残长6.1厘米，锅高1.4厘米（图八七，1；彩版一〇一，2）。

道光通宝 3枚。标本2020FJⅠM12∶1，楷书，直读。正背边郭略宽。背满文"宝泉"。钱径2.2厘米，穿径0.6厘米，郭宽0.2~0.3厘米，厚0.12厘米（图八七，2）。

**13. 2020FJⅠM13**

位于发掘区西南部，2020FJⅠT0202探方中部，西邻2020FJⅠM17，东部被2020FJⅠM12打破。开口于第1层下，墓口距地表1.3米。南北向，方向333°。该墓为长方形竖穴土圹单棺墓，南北长2.4米，宽1.2米，深0.2米。四壁整齐竖直，墓底较平，内填黄褐色花土，土质疏松（图八五；彩版六一，3）。

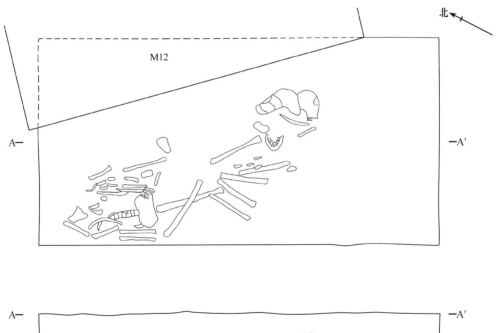

图八五 2020FJⅠM13平、剖面图

未见葬具痕迹。土圹内葬具人骨一具，保存较差、骨架凌乱，头向东南，面向上，应为搬迁墓，骨架长1.7米。

未见随葬器物。

乾隆通宝　1枚。2020FJⅡM15：4-4，楷书，直读。正背郭缘略宽。背满文"宝源"。钱径2.48厘米，穿径0.65厘米，郭宽0.25厘米，厚0.13厘米（图八九，8）。

**16. 2020FJⅡM16**

位于发掘区东部，2020FJⅡT0317探方中部，东南邻2020FJⅡM15。开口于第1b层下，墓口距地表1.2米。东西向，方向275°。该墓为不规则长方形竖穴土圹双人合葬墓，东西长2.4～2.45米，南北1.5～1.8米，墓底距墓口深0.32～0.4米。四壁整齐竖直，墓底较平，内填黄褐色花土，土质疏松（图九○；彩版六一，1）。

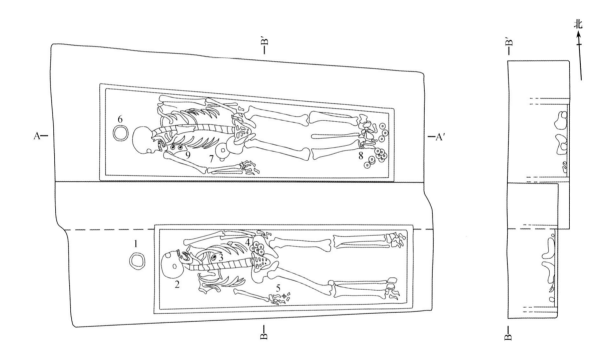

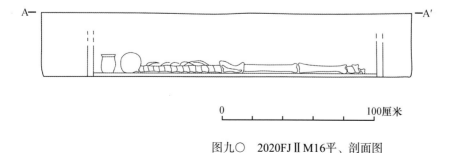

图九○　2020FJⅡM16平、剖面图

1、6.釉陶罐　2.银耳环　3.铜扣　4、8、9.铜钱　5.铜顶针　7.铜镜

葬具为木棺，腐朽严重，仅存朽痕。南棺东西长1.76米，宽0.54~0.58米，残高0.16米，板痕厚约0.04米。棺内葬置人骨一具，保存一般，头向西，面向北，仰身直肢葬，女性，骨架长约1.62米。北棺长1.96米，宽0.48~0.6米，残高0.2米，板痕厚约0.04米。棺内葬置人骨一具，保存较好，头向西，面向南，仰身直肢葬，男性，骨架长约1.64米。

随葬器物9件。北棺内放置釉陶罐、铜镜各1件、铜钱83枚；南棺外放置釉陶罐1件，棺内放置银耳环2件、铜扣1件和铜钱20枚。

釉陶罐 2件。2020FJⅡM16：1，敞口，圆唇，束颈，斜直腹，腹部饰凹弦纹，平底。酱黄釉，口沿及肩上腹部施釉。口径10.8厘米，底径8.8厘米，通高11厘米（图九一，16；彩版一〇三，1）。2020FJⅡM16：6，敞口，圆唇，束颈，腹微鼓，平底。酱黄釉，口沿及肩、上腹部施釉。口径10.2厘米，底径7.8厘米，通高10厘米（图九一，15；彩版一〇三，2）。

银耳环 2件。形制相同，编号为2020FJⅡM16：2，圆环状，一侧有缺口。直径1.6厘米，厚0.2厘米（图九一，7；彩版一〇三，3）。

铜扣 3件（彩版一〇三，4）。2020FJⅡM16：3-1，呈圆球形，中部一周凹弦纹，上部圆环纽内衔环。直径1厘米，通高2.1厘米（图九一，8）。2020FJⅡM16：3-2，呈圆球形，中部一周凹弦纹，上圆环扣纽。直径1厘米，通高1.4厘米（图九八，9）。2020FJⅡM16：3-3，圆球形，上圆环扣纽。直径1厘米，通高1.2厘米（图九一，10）。

铜顶针 1件。2020FJⅡM16：5，圆箍形，略有变形，两边略厚，两侧弦纹带之间布满凹点。直径2.1厘米，厚0.1厘米（图九一，6）。

铜镜 1件。2020FJⅡM16：7，镜缘凸起，镜面平整。背部桥形纽，外一周凸纹。中部有楷书“状元及第”四字，字外一周凸弦纹带。直径10厘米，厚0.3厘米（图九一，14；彩版一〇三，5）。

铜钱 103枚。随葬于北棺和南棺内，分别编号2020FJⅡM16：4（83枚）和2020FJⅡM16：8（20枚）。

元丰通宝 1枚。2020FJⅡM16：8-1，行书，旋读。背郭缘较宽，光背。钱径2.35厘米，穿径0.7厘米，郭宽0.15厘米，厚0.12厘米（图九一，11）。

康熙通宝 30枚。标本2020FJⅡM16：4-1，楷书，直读。正背郭缘较宽。背满文“宝

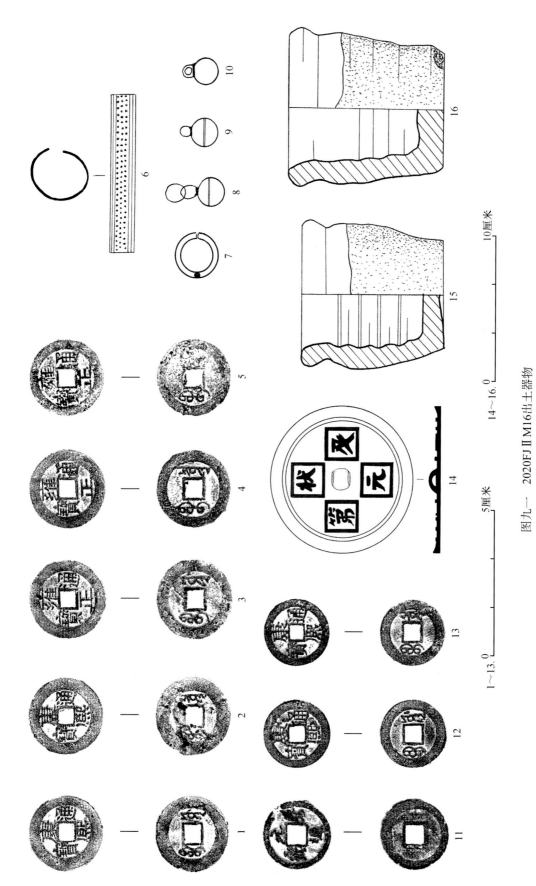

图九一　2020FJⅡM16出土器物

1、2、12、13.康熙通宝（2020FJⅡM16：4-1，2020FJⅡM16：4-2，2020FJⅡM16：8-2，2020FJⅡM16：8-3）　3～5.雍正通宝（2020FJⅡM16：4-3，2020FJⅡM16：3-3）　6.铜顶针（2020FJⅡM16：4-5）　7.银耳环（2020FJⅡM16：5）　8～10.铜扣（2020FJⅡM16：3-1，2020FJⅡM16：3-2，2020FJⅡM16：3-3）　11.元丰通宝（2020FJⅡM16：8-1）　14.铜镜（2020FJⅡM16：7）　15、16.釉陶罐（2020FJⅡM16：6，2020FJⅡM16：1）

源"。钱径2.6厘米，穿径0.62~0.7厘米，郭宽0.4厘米，厚0.14厘米（图九一，1）。标本2020FJⅡM16：4-2，楷书，直读。正背郭缘较宽。背满文"宝泉"。钱径2.6厘米，穿径0.55~0.7厘米，郭宽0.4厘米，厚0.14厘米（图九一，2）。标本2020FJⅡM16：8-2，楷书，直读。正背郭缘较宽。背满文"宝源"。正背穿大小不一。钱径2.3厘米，穿径0.6~0.7厘米，郭宽0.3厘米，厚0.13厘米（图九一，12）。标本2020FJⅡM16：8-3，楷书，直读。正背郭缘较宽。背穿左右为满文"宝泉"。钱径2.25厘米，穿径0.55~0.6厘米，郭宽0.3厘米，厚0.13厘米（图九一，13）。

雍正通宝　72枚。标本2020FJⅡM16：4-3，楷书，直读。正背郭缘较宽。背满文"宝源"。钱径2.8厘米，穿径0.6~0.7厘米，郭宽0.4厘米，厚0.14厘米（图九一，3）。标本2020FJⅡM16：4-4，楷书，直读。正背郭缘较宽。背满文"宝泉"。钱径2.6厘米，穿径0.6~0.65厘米，郭宽0.4厘米，厚0.14厘米（图九一，4）。标本2020FJⅡM16：4-5，楷书，直读。正背郭缘较宽。背满文"宝河"。钱径2.6厘米，穿径0.6~0.7厘米，郭宽0.4厘米，厚0.14厘米（图九一，5）。

**17. 2020FJⅠM17**

位于发掘区的西南部，2020FJⅠT0202探方西南部，东邻2020FJⅠM13，南部被2020FJⅠM14打破。开口于第1层下，墓口距地表1.2米。南北向，方向0°。该墓为长方形为竖穴土圹双棺合葬墓，南北长2.9米，东西宽2.6米，深1.2米。四壁整齐竖直，墓底较平，内填黄褐色花土，土质疏松（图九二）。

葬具为双椁双棺，木质，东西木椁之上皆用两根圆木压顶（彩版六二，1）。木椁保存较完整。西椁长2.06米，宽0.76~0.94米，高0.6米。椁内木棺保存较差，长1.72米，宽0.5~0.64米，残高0.29米。棺内葬置人骨一具，保存较好，头向北，面向上，仰身直肢葬，骨架长1.52米。东椁长2.34米，宽0.82~0.92米，高0.7米。椁内木棺已腐朽，仅存底部朽痕。棺内葬置人骨一具，保存较差、骨架凌乱，头向北，面向东，葬式不详，应为迁葬墓，骨架长1米（彩版六二，2）。

随葬器物3件，2件瓷罐均随葬于东西木椁外北侧，人骨附近出土铜钱1枚。

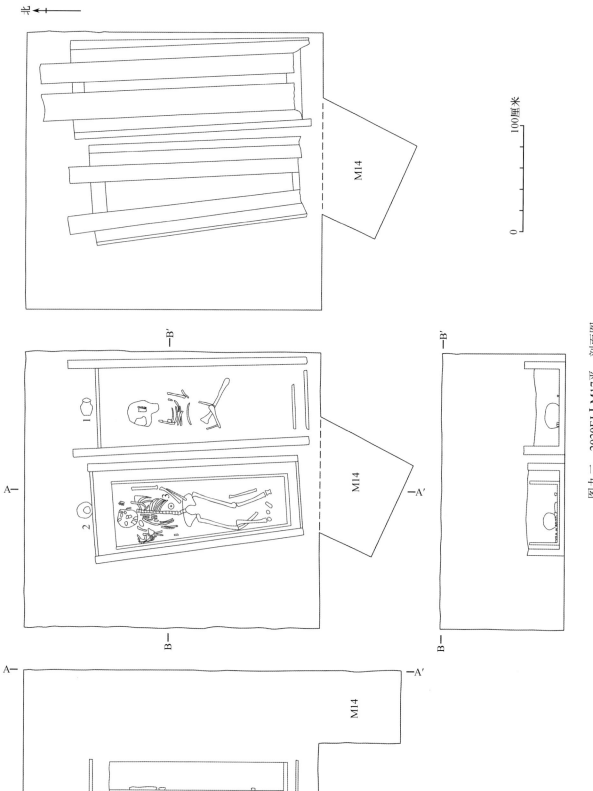

图九二　2020FJⅠM17平、剖面图

1. 白瓷罐　2. 青花瓷罐　3. 铜钱

白瓷罐 1件。2020FJⅠM17：1，直口，圆唇，溜肩，最大腹径靠肩部，下斜腹收，平底。白釉泛青。口沿及外底无釉，釉面略糙，有小崩裂。口径9厘米，腹径12.4厘米，底径8.8厘米，通高14.2厘米（图九三，1；彩版一〇四，2）。

青花瓷罐 1件。2020FJⅠM17：2，青花泛青灰。直口，溜肩，鼓腹，圈足。腹部绘有"官上加官"的典故故事，记述的是一个读书人求学、科考、做官的人生轨迹。背景有亭台山水及折枝竹叶。口径7厘米，腹径14厘米，高17厘米，圈足直径8厘米，足高0.7厘米（图九三，8；彩版一〇四，3）。

天圣元宝 1枚。2020FJⅠM17：3，隶书，旋读。正背郭缘略宽。钱径2.32厘米，穿径0.75厘米，郭宽0.2厘米，厚0.12厘米（图九三，7）。

### 18. 2020FJ Ⅰ M18

位于发掘区西南部，2020FJⅠT0202内西南部，东邻2020FJⅠM14，开口于第1层下，墓口距地表1.2米，方向319°。该墓为长方形为竖穴土圹单棺墓，南部延伸至项目围挡外。暴露部分南北长1.9米，宽0.9米，深0.8米。四壁整齐竖直，墓底较平，内填黄褐色花土，土质疏松（图九四）。

葬具为木棺，腐朽严重，仅存朽痕。暴露部分南北残长1.7米，宽0.84米，残高0.2米，厚0.02米。棺内葬置人骨一具，保存较差，头向西北，面向上，仰身直肢葬，骨架长1.3米。头骨下用三块青砖分两层错缝平铺，应为头枕，长0.64米，宽0.12米，高0.08米。用砖规格为25厘米×12厘米×4厘米。

随葬器物2件，均出土于棺内。

铜耳环 2件。编号为2020FJⅠM18：1，整体呈"C"形，一端扁平，一端呈锥状，中部錾刻花草图案。直径2.5厘米，通长7.9厘米（图九三，2；彩版一〇四，1）。

铜钱 4枚。

乾隆通宝 2枚。楷书，直读。正背郭缘略宽。背满文"宝泉"。2020FJⅠM18：2-1，钱径2.4厘米，穿径0.6厘米，郭宽0.2厘米，厚0.12厘米（图九三，5）。2020FJⅠM18：2-2，钱径2.1厘米，穿径0.55～0.65厘米，郭宽0.2厘米，厚0.12厘米（图九三，6）。

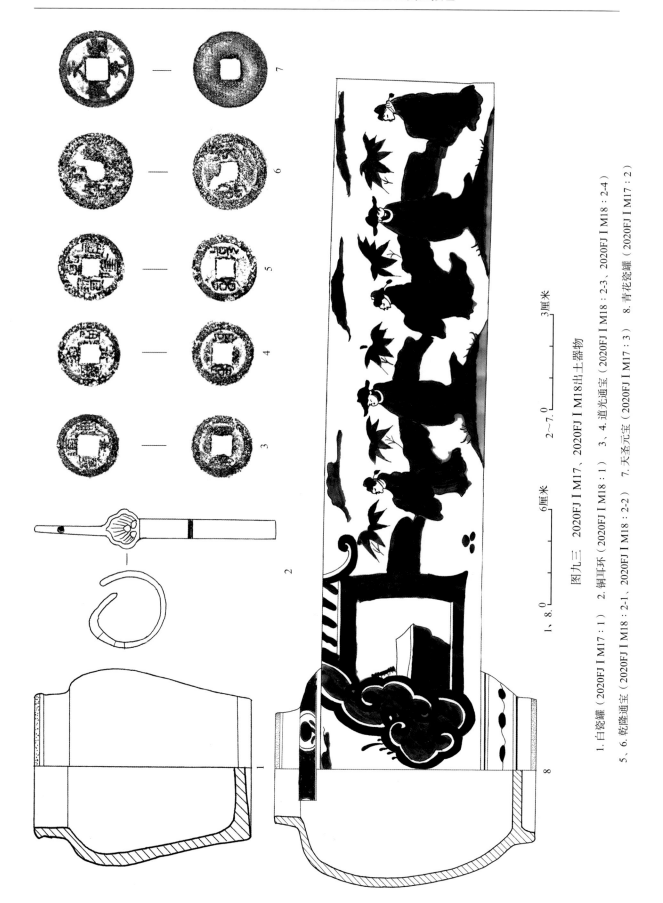

图九三　2020FJ I M17、2020FJ I M18出土器物

1. 白瓷罐（2020FJ I M17∶1）　2. 铜耳环（2020FJ I M18∶1）　3、4. 道光通宝（2020FJ I M18∶2-3、2020FJ I M18∶2-4）
5、6. 乾隆通宝（2020FJ I M18∶2-1、2020FJ I M18∶2-2）　7. 天圣元宝（2020FJ I M17∶3）　8. 青花瓷罐（2020FJ I M17∶2）

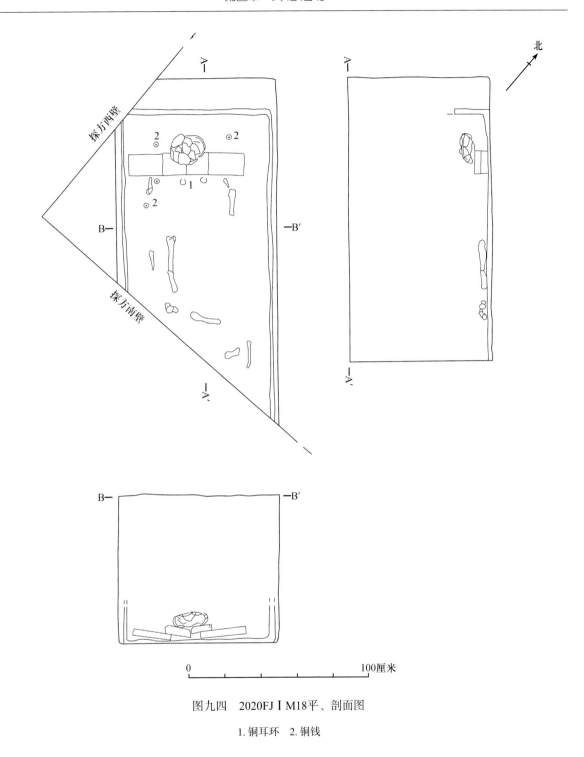

图九四　2020FJⅠM18平、剖面图

1.铜耳环　2.铜钱

道光通宝　2枚。2020FJⅠM18∶2-3，楷书，直读。正背郭缘略宽。背满文"宝泉"。钱径1.9厘米，穿径0.7厘米，郭宽0.2厘米，厚0.12厘米（图九三，3）。2020FJⅠM18∶2-4，楷书，直读。正背郭缘略宽。背满文"宝源"。钱径2厘米，穿径0.65厘米，郭宽0.2厘米，厚0.12厘米（图九三，4）。

# 第五章 科技考古分析

## 第一节 植物浮选分析

为了能系统地获取遗址堆积中的古代植物遗存，伴随发掘的同时开展了大植物遗存的采样和浮选工作。

## 一、采样与浮选

金中都城墙遗址的浮选样品采自2020年西城墙发掘区（Ⅱ区）金元时期的护城河、道路和路沟中。采集样品所在遗迹单位的年代均为金末至元代，是金代末期中都城遭到破坏和在元代被继续沿用期间所形成的遗迹。发掘过程中对性质明确的遗迹单位进行了土样采集，共采集土样11份，合并后获得样品8份，具体见表一。使用小水桶浮选法[①]在北京市考古研究院通州临时工作站进行土样的浮选，配备80目的标准分样筛进行筛取，样品阴干后由植物考古实验室进行整理与鉴定。

表一 金中都城墙遗址浮选样品背景及出土植物遗存统计表

| 编号 | 遗迹单位 | 炭化物/g | 粟（*Setaria italica*） | 狗尾草（*Setaria viridis*） |
|---|---|---|---|---|
| 1 | 2020FJⅡT0417L2② | 0.108 | | 3 |
| 2 | 2020FJⅡT0417HG④ | 0.095 | | |
| 3 | 2020FJⅡT0417HG③ | 0.017 | | |
| 4 | 2020FJⅡT0417L2① | 0.173 | 2 | |
| 5 | 2020FJⅡT0410HG④ | 0 | | |
| 6 | 2020FJⅡT0411HG③ | 0 | | |
| 7 | 2020FJⅡT0411HG④ | 0 | | |
| 8 | 2020FJⅡT0317G1① | 0 | | |

① 赵志军：《植物考古学：理论、方法和实践》，科学出版社，2010年。

# 二、鉴 定 结 果

金中都城墙遗址浮选获得的炭化植物遗存非常有限。经鉴定，在道路和护城河的4个单位获得了极少量的炭化木屑，并在道路遗迹2020FJⅡT0417L2①和2020FJⅡT0417L2②这2份样品出土炭化种子5粒。如图九五所示，出土农作物粟（*Setaria italica*）2粒，来自2020FJⅡT0417L2①。经观察和测量，粟粒呈圆球状，直径分别为1.116毫米和1.270毫米，厚度分别为0.844毫米和0.939毫米。狗尾草（*Setaria viridis*）3粒，来自2020FJⅡT0417L2②，完整粒测量结果为长1.531毫米，宽1.095毫米，宽0.844毫米。

图九五　金中都城墙遗址出土炭化植物种子（标尺为1毫米）

1. 粟（*Setaria italica*）　2. 狗尾草（*Setaria viridis*）

# 三、讨 　 论

## 1. 浮选结果的误差与差异

从获取大植物遗存的田野方法和技术手段来看，炭化植物遗存的获取是一种偶然性的结果，在具体实践中也存在无法避免的误差。炭化植物遗存的获得一方面需要能够满足浮选方法的土壤样品量。在此基础之上，还会因遗迹性质、植物种子保存情况、人类活动干扰等因素导致量化结果的误差，这些误差的产生贯穿了植物遗存从堆积、埋藏到提取的整个过程。

从现有的发现来看，金中都城墙遗址的大植物遗存的浮选结果明显有异于北京地区其他一般金代遗址。2014年，北京大兴三合庄遗址墓葬区发现了数量众多用于祭祀的植物遗存，农作物有高粱、稗、水稻、小麦、大麦、大豆、豌豆、绿豆、粟、黍、芝麻，水果主要为甜瓜、枣、桃子，坚果为核桃，其中高粱的${}^{14}$C测年结果约为金代早中期[①]。2020～2021年，在北京丰台万泉寺遗址发现了丰富的炭化植物遗存，农作物有粟、黍、小麦、大麦、大豆和栽培稗等13种，以及26种非农作物[②]。2021年，北京市大兴区站上村金代村落遗址开展了大植物遗存的浮选，经鉴定获得炭化植物种子794粒，划分为农作物11种和非农作物15种。农作物有粟、黍、小麦、大麦、燕麦、栽培稗和高粱七种禾本科作物，三种豆类作物有大豆、红小豆和豌豆，以及油料作物芝麻[③]。在近年来北京地区开展的有关金中都遗址及辽金时期的植物考古工作中，诸多遗址和地点的浮选结果与上述3处遗址相似，都获得了较为丰富的炭化植物遗存，展现出金代农业生产结构的多样性和复杂性。

金中都城墙遗址出土的炭化植物遗存数量很少，与该遗址性质的特殊性以及具体的采样背景有很大关系。由于城墙遗迹的特殊性，人为因素直接影响到炭化植物遗存的来源、种类和形成，特别是当植物资源燃烧后的炭化植物遗存被清扫处理的时候，这些食物或薪柴的废弃物往往被当作垃圾清扫，从而形成了灰坑中的包含物。相较有可能出土较多炭化植物遗存的灰坑，金中都城墙遗址的8份土壤样品有护城河5份、道路2份、路沟1份，除道路遗迹以外均未发现炭化植物种子。首先考虑采样背景的堆积形成，道路遗迹中发现的粟和狗尾草，因两者个体较小较易被遗漏而保存下来，而需经过加工粉食或个体较大的农作物、瓜果、浆果和坚果则更难保存、更易被清理。其次，考古成果表明，护城河在挖就的过程中利用了早期古漯水古道，HG③～⑤层是金中都护城河在元代继续沿用时形成的堆积，其中第3层是元代中晚期发洪水时形成的一层较厚的细沙淤积层。浮选结果显示，金中都城墙外的护城河内炭化物含量极低，也没有发现炭化植物种子，进一步印证了在挖掘护城河时利用了天然的河道或沟渠的背景，并且

---

在护城河使用和废弃后的一段时间内并未用于堆放生活垃圾，还有可能经常进行整顿和清理，以保持河道整洁干净。

由此可见，金中都城墙遗址的浮选结果并不能完全表现金代一般遗址所发现炭化植物遗存的普遍情况，而一般遗址出土的炭化植物遗存的浮选结果也无法展示出此类城墙遗迹的特殊功能。城墙作为城市防御系统的重要一环，常年驻守兵卒守卫并进行军事化管理，必然缺少一般遗址的"生活气息"，饮食或生火过后也会及时打扫，因此很难保留与此有关的残存。结合采集土样的背景来看，这可能是我们在此获得较少炭化植物遗存的主要原因。此外，还应考虑到大植物遗存采样方法的局限性，孢粉、植硅石和淀粉粒这些并不需要炭化而能保存下来的微体植物遗存在这种情况下体现出明显的优势。在采集浮选样品的同时，我们还采集了相应的土壤样品以备植硅石和孢粉研究，以期获得全面的植物考古信息。

### 2. 浮选结果的分析与讨论

金代女真族发源于中国东北白山黑水之间，与辽代以农、牧、渔、猎兼营的农业生产有一脉相承的特点，而燕云十六州及以南地区则以宋、辽以来的种植农业为主。由于不同地区获取资源方式的不同，在农业区则以粟、麦、稻等农作物为主，辅以肉、鱼、菜蔬和瓜果等。金中都作为都城遗址，汇聚了汉人、女真人、契丹人乃至渤海人、奚人等多民族人群，文化因素多元多变，民族和文化之间的持续融合，反映在饮食选择上的互相影响必然更加复杂多变。

粟是我国重要的传统旱作农作物。在人类栽培作物伊始，起源于我国的粟一直是中国北方地区的主要粮食作物。近几年随着北京地区植物考古工作的不断推进，越来越多的浮选结果证实了粟作农业在本地区古代农业生产中的重要地位。金中都城墙遗址仅发现了粟这一种农作物，虽然无法据此结果分析当时农业生产的结构状况，但可以推断粟应当是金中都城墙守卫人员的主食之一，城墙遗址内发现的粟极有可能是古人食用后无意的丢弃。狗尾草多生于荒野、道旁，也是常见的秋熟旱地杂草，常常伴随粟进入人们的生活圈，指示出城墙遗址周边的旱地环境。由此我们推测这两种炭化植物遗存很可能是散落在道路堆积中而被浮选获得，但由于道路周边有可能经过多次打扫，并且人员来往众多，所以保存下来的炭化植物遗存非常有限，反映出城墙遗址考古背景的特殊性，以及在营建、使用和维护时的独特性。

粒间扩散层增厚的速度不均，使得颗粒间斥力超过吸力的情况也不均衡，从而产生应力集中，使土体沿着斥力超过吸力最大的面崩落下来。选取不同区域的夯土，取样质量约在50g，分别放在水中的筛网上进行崩解实验，最后求得每个区域的平均崩解速度。

# 二、实验结果与讨论

## 1. 碘淀粉显色反应

对金中都夯土样品进行碘淀粉测定，结果显示金中都各夯土层中均没有发现糯米成分。一方面，淀粉显色反应灵敏度高，如样本中含有糯米成分，极其微量也可以有显色反应发生；另一方面，糯米成分颗粒细小，受到大颗粒粘土矿物以及方解石的包裹，因此不会随着时间的推移而完全降解。金中都地处北方，受到地理位置和社会生产力条件的影响，糯米的来源十分有限，因此有理由认为金中都的夯土在夯筑时没有加入糯米汁成分。

## 2. 土壤元素及氧化物

金中都遗址夯土层和文化层主要土壤元素及氧化物含量特征、标准差和变异系数如表二所示。

金中都一区夯土样品中$SiO_2$的含量范围为65.41%～68.09%，平均值为66.28%；$Al_2O_3$的含量范围为13.11%～15.00%，平均值为14.30%；MgO的含量范围在3.76%～4.23%，平均值为4%；P含量范围在0.78%～1.03%，平均含量为0.10%；CaO含量范围在3.44%～3.98%，平均含量3.64%；$Fe_2O_3$含量范围为3.01%～3.77%，平均含量3.41%。

金中都二区夯土样品中$SiO_2$的含量范围为64.99%～68.01%，平均值为67.75%；$Al_2O_3$的含量范围为14.19%～15.66%，平均值为15.09%；MgO的含量范围在3.98%～4.67%，平均值为4.23%；P含量范围在0.03%～0.078%，平均含量为0.06%；CaO含量范围在3.28%～3.91%，平均含量3.66%；$Fe_2O_3$含量范围在3.56%～4.01%，平均含量3.78%。

遗址文化层$SiO_2$的含量范围为63.78%～65.12%，平均值为64.84%；$Al_2O_3$的含量范围为13.99%～15.49%，平均值为14.56%；MgO的含量范围在3.48%～5.01%，平均值为4.08%；

P含量范围在0.09%～0.21%，平均含量为0.15%；CaO含量范围在3.13%～3.52%，平均含量3.48%；$Fe_2O_3$含量范围在4.27%～5.31%，平均含量4.7%。

表二　金中都夯土层和文化层主要元素及元素氧化物特征

| | MgO | $Al_2O_3$ | $Si_2O$ | P | K | CaO | Ti | $Fe_2O_3$ |
|---|---|---|---|---|---|---|---|---|
| 一区夯土（%） | 4.00 | 14.30 | 66.28 | 0.10 | 4.28 | 3.64 | 0.92 | 3.41 |
| 标准方差 | 0.30 | 0.26 | 1.47 | 0.07 | 0.03 | 0.25 | 0.03 | 0.64 |
| 变异系数（%） | 0.08 | 0.02 | 0.02 | 0.70 | 0.01 | 0.07 | 0.03 | 0.19 |
| 二区夯土（%） | 4.23 | 15.09 | 67.75 | 0.06 | 4.89 | 3.66 | 1.05 | 3.78 |
| 标准方差 | 0.17 | 0.13 | 0.65 | 0.12 | 0.34 | 0.3 | 0.05 | 0.21 |
| 变异系数（%） | 0.04 | 0.01 | 0.01 | 2.00 | 0.07 | 0.08 | 0.05 | 0.06 |
| 文化层（%） | 4.08 | 14.56 | 64.84 | 0.15 | 3.99 | 3.48 | 0.95 | 4.7 |
| 标准方差 | 1.03 | 0.89 | 1.11 | 2.46 | 1.71 | 2.01 | 0.48 | 0.91 |
| 变异系数（%） | 0.25 | 0.06 | 0.02 | 16.40 | 0.43 | 0.58 | 0.51 | 0.19 |

整体上，一区夯土样品和二区夯土样品的土壤元素及氧化物分布特征类似，从土壤各元素及氧化物组成变化来看，一区夯土和二区夯土各夯层土壤元素的方差和变异系数均较小，推测在夯筑的过程中，各区的夯土来源没有发生变化；同时Ti作为土壤元素中的极稳定元素，含量稳定，其含量范围在0.91%～1.1%，说明各夯土的元素差异不是由于物源差异所引起。

为进一步分析金中都夯土中CaO的来源，选取金中都同期文化层土壤作为对照。从表二中可以看出，金中都文化层的CaO含量与一区夯土和二区夯土的含量差异很小，接近北京地区土壤地球化学参数。说明金中都一区、二区夯土在夯筑过程中，并没有加入石灰对土进行改性。

### 3. 粒度分析

各夯土粒度分析（表三、表四）显示，一区夯土的粒度中径为55.35μm，最大直径126.625μm。50%的颗粒小于36.81μm，90%的颗粒小于81.17μm，说明夯土颗粒较细，大颗粒很少，从各粒度分布区间来看，粗细颗粒分布均匀，多数在1%～6%，分选性和集中度均较差。

二区夯土的粒度中径为37.74μm，最大直径111.473μm。50%的颗粒小于22.62μm，90%的颗粒小于63.97μm，粗细颗粒分均匀，多数在1%～4%，分选性和集中度均较差。

表三　一区夯土土壤粒度特征

| | | 1 | 2 | 3 | 4 | 5 | 6 | 7 | 8 | 9 |
|---|---|---|---|---|---|---|---|---|---|---|
| 一区夯土 | 平均粒径（Φ） | 5.316 | 5.493 | 5.196 | 4.137 | 5.114 | 4.914 | 4.3681 | 4.993 | 5.280 |
| | 分选系数 | 1.603 | 1.598 | 1.526 | 1.791 | 1.564 | 1.444 | 1.671 | 1.477 | 1.491 |
| | | 10 | 11 | 12 | 13 | 14 | 15 | 16 | 17 | |
| | 平均粒径（Φ） | 5.347 | 5.591 | 5.656 | 5.432 | 5.551 | 5.217 | 5.192 | 5.236 | |
| | 分选系数 | 1.611 | 1.507 | 1.471 | 1.534 | 1.591 | 1.493 | 1.507 | 1.569 | |

表四　二区夯土土壤粒度特征

| | | 1 | 2 | 3 | 4 | 5 | 6 |
|---|---|---|---|---|---|---|---|
| 二区夯土 | 平均粒径（Φ） | 5.558 | 5.552 | 5.552 | 5.803 | 5.692 | 5.856 |
| | 分选系数 | 1.558 | 1.49 | 1.49 | 1.539 | 1.503 | 1.539 |

可见，金中都两个夯土区土壤粒度整体特征类似，粒度粗细分布均匀，分选性较差。相比较而言，二区夯土样品颗粒较一区粒径明显变细，大颗粒含量较少，从各粒度分布区间来看，二区粒度分布较一区更为均匀。

二区夯土各样品没有表现出明显差异，而一区夯土样品的4号和7号样品表现出较为明显的差异。具体表现为颗粒明显较粗，分选性差，推测当时夯筑城墙的过程中，土壤筛选处理上有一定的区别。

### 4. 崩解实验

对两区夯土的崩解实验结果（表五）显示，整体上，金中都夯土崩解速度较慢，耐水侵蚀性能较好。不同区域相比，二区夯土较一区夯土的崩解速度更慢。

表五　两区夯土崩解实验结果

| 土样来源 | 编号 | 土体质量（g） | 崩解现象 | 崩解速度（g/min） | 平均速度（g/min） |
|---|---|---|---|---|---|
| 一区 | 1 | 50.12 | 0″ 开始冒泡，10″ 四周开始崩解　25″ 四周大面积崩解　1′ 02″ 完全崩解 | 49.12 | 47.43 |
| | 4 | 51.45 | 0″ 开始冒泡，10″ 四周开始崩解　27″ 四周大面积崩解　1′ 10″ 完全崩解 | 46.77 | |
| | 6 | 46.56 | 0″ 开始冒泡，7″ 四周开始崩解　23″ 四周大面积崩解　58″ 完全崩解 | 48.03 | |
| | 13 | 48.56 | 0″ 开始冒泡，8″ 四周开始崩解　25″ 四周大面积崩解　1′ 06″ 完全崩解 | 45.81 | |

续表

| 土样来源 | 编号 | 土体质量（g） | 崩解现象 | 崩解速度（g/min） | 平均速度（g/min） |
|---|---|---|---|---|---|
| 二区 | 1 | 52.01 | 0″ 开始冒泡，10″ 四周开始崩解<br>25″ 四周大面积崩解　1′ 13″ 完全崩解 | 46.02 | 45.64 |
| | 3 | 50.12 | 0″ 开始冒泡，8″ 四周开始崩解<br>25″ 四周大面积崩解　1′ 11″ 完全崩解 | 45.15 | |
| | 5 | 48.97 | 0″ 开始冒泡，7″ 四周开始崩解<br>24″ 四周大面积崩解　1′ 07″ 完全崩解 | 45.76 | |

# 三、小　结

综合以上分析，我们发现金中都城墙遗址两个发掘区的夯土材料中均未见糯米成分，可能与糯米的种植主要集中在我国南方地区有关，在当时的社会条件下在金中都夯土中加入糯米汁是难以实现的。两个发掘区的夯土物料来源较为相似，与同期文化层的土壤元素和氧化物成分较为相似，且均没有通过加入石灰来对物料进行改性。崩解实验表明两个区域夯土崩解速度均较慢，具有一定的抗雨水侵蚀能力，且二区夯土崩解速度略小于一区夯土，可能与土质本身有一定关系，与发掘所见二者沙性和黏性的差异有关。两区夯土理化性能接近，二区夯土土壤颗粒分布更为均匀，粒径较细，理化性能略优于一区。

# 第六章　初步研究

## 第一节　金中都城的营建

### 一、金中都城营建背景

金朝于太宗天会三年（1125）攻占燕山府后，改燕京为南京。金熙宗皇统九年（1149），完颜亮弑杀熙宗完颜亶，即皇帝位，改元天德。完颜亮即位不久，不顾旧臣的反对，依然决定把金朝统治中心从女真肇兴之地上京迁往燕京，天德二年（1150），朝廷围绕迁都问题展开了激烈的争论。先是完颜亮在宫中宴请大臣，问道"朕栽莲二百本而俱死，何也？"内侍梁汉臣曰："自古江南为橘，江北为枳，非种者不能，盖地势然也。上都地寒，惟燕京地煖，可栽莲。"主曰："依卿所请，择日而迁。"萧玉谏曰："不可，上都之地，我国旺气，况是根本，何可弃之？"兵部侍郎何卜年亦请曰："燕京地广土坚，人物蕃息，乃礼义之所，郎主可迁都。北番上都，黄沙之地，非帝居也。"梁汉臣又曰："且未可遽，待臣为郎主起诸州工役，修整内苑，然后迁都。"[①]后来朝廷又以"京师粤在一隅，而方疆广于万里。以北则民清而事简，以南则地远而事繁"，认为经济、文化的发展在南而不在北，迁都势在必行，并且迁都也利于物资运输、公文传递，减少"供馈困于转输，使命苦于驿顿"的弊端[②]。完颜亮下诏纳言，"惟燕京乃天地之中"的上书使得龙颜大悦，于是遣"左右丞相张浩、张通古、左丞蔡松年，调诸路夫匠，筑燕京宫室"[③]。

---

① （宋）宇文懋昭：《大金国志校证》卷十三《海陵炀王纪》，中华书局，1986年，第186、187页。

② （宋）李心传：《建炎以来系年要录》卷一百六十二《绍兴二十一年正月至十二月》，中华书局，2013年，第3087页。

③ （宋）宇文懋昭：《大金国志校证》卷十三《海陵炀王纪》，中华书局，1986年，第187页。

天德三年（1151），金帝完颜亮"诏广燕城"，有司图上燕城宫室制度，营建阴阳五姓所宜。完颜亮曰："国家吉凶，在德不在地。使桀、纣居之，虽卜善地何益。使尧、舜居之，何用卜为。"[1]"役民夫八十万，兵夫共四十万，作治数年。"[2]

为了使金中都"制度如汴"，金帝完颜亮可谓煞费苦心。《金虏图经》记载："（完颜）亮欲都燕，先遣画工写京师（指汴京）宫室制度，至于阔狭修短，曲画其数，授之左相张浩辈按图以修之。"《癸辛杂识》记载："择汴宫窗户刻镂工巧以往。"《春明梦余录》记载："金朝北京营制宫殿，其屏扆窗牖皆破汴都辇致于此。"可见，完颜亮不仅遣画工先画图样以做比照，并且还从开封强征技术人员，同时将宋宫殿的设施拆运到中都。

主持修建金中都的是张浩和苏保衡。张浩为渤海人，其祖仕辽而更汉姓，受汉文化影响较深，且有政治才能，曾为太祖谋划，任"承应御前文字"。太宗巡幸东京时期，张浩为"提点缮修大内"，有主持修建的经验。所以，天德三年（1151），"广燕京城，营建宫室。浩与燕京留守刘筈、大名尹卢彦伦监护工作"[3]，并推举苏保衡"分督工役"。苏保衡为汉人，父亲仕辽，后降金任职。其父死后，苏保衡出仕，为修中都被调任"大兴少尹，督诸陵工役"[4]。张浩的另一合作者卢彦伦，天会二年（1124），"知新城事。城邑初建，彦伦为经画，民居、公宇皆有法"[5]，也是修城有经验的人。刘筈原为辽进士，降金后历任军政要职，天眷初曾为熙宗谋划"法驾仪仗"，并曾使宋，熟悉宋朝皇城的情况。时任燕京留守，参与修建中都的工作。

具体负责修建金中都的是梁汉臣和孔彦舟。梁汉臣曾是宋宫内侍，对宋宫城非常了解；孔彦舟原为北宋兵痞，其人"暴横，不奉约束……荒于色，有禽兽行"[6]，降金后颇为完颜亮宠信。梁汉臣做计划，孔彦舟督工，由于工期短促，奴役残酷，加之疫病传染，死者不可

① （元）脱脱：《金史》卷五《海陵本纪》，中华书局，1975年，第97页。
② （宋）徐梦莘：《三朝北盟会编》卷二百四十五《炎兴下帙一百四十五》，上海古籍出版社，1987年，第1759页。
③ （元）脱脱：《金史》卷八十三《张浩列传》，中华书局，1975年，第1862页。
④ （元）脱脱：《金史》卷八十九《苏保衡列传》，中华书局，1975年，第1973页。
⑤ （元）脱脱：《金史》卷七十五《卢彦伦列传》，中华书局，1975年，第1716页。
⑥ （元）脱脱：《金史》卷七十九《孔彦舟列传》，中华书局，1975年，第1784页。

胜计。

不仅具体的宫殿修建模仿北宋东京城，金中都城的形制、结构也是极力效仿北宋东京城。我们知道，金初的都城金上京是一座南、北二城相接呈曲尺形的城址，南城是皇城，北城是汉城，南、北分治，这是辽金时期北方民族常见的都城模式，形制相对简单。而金帝完颜亮是一位汉化非常深的帝王，随着金占据北宋广大领土，攻下开封城，他被北宋皇都的富贵豪华、帝王气象深深震撼，产生了强烈的仰慕之情。北宋东京城是一座三重城相套的宏大都城，而扩建前的金中都城（原辽南京城）与之相差甚远，只是一座两重的小城，并且子城还偏于外城的西南隅。所以，"广燕城"是使金中都与汴京城结构大致接近的唯一办法。为了使辽子城居于新城的中央，完颜亮下令"广阡陌以展西南之城"、"燕城（辽南京）之南广斥三里"、"西、南广斥千步"①。早年的考古勘察也证实，金中都城是在辽南京城的基础上向东、西、南三面进行扩展而成，改、扩建后的金中都最终形成了由外城、皇城、宫城构成的三重城格局。

从天德二年（1150）完颜亮征调天下军民、夫匠开始，前后历时三年，天德四年（1152）冬，"燕京新宫成。主率文武百官自会宁府迁都于燕。大赦天下……"②。"其宫阙壮丽，延亘阡陌，上切霄汉，虽秦阿房、汉建章不过如是"③。贞元元年（1153）三月乙卯"以迁都诏中外。改元贞元。改燕京为中都，府曰大兴"。五月乙卯"以京城隙地赐朝官及卫士"。④《金史·兵志》记载："贞元迁都，遂徙上京路太祖、辽王宗干、秦王宗翰之猛安，并为合扎猛安，及右谏议乌里补猛安，太师晶、宗正宗敏之族，处之中都"。《金史·晶列传》又载，"正隆元年，与宗室俱迁中都。"从这些记载可见当时迁都初期只有贵族、官僚等才能入居金中都城。"燕京城内地大半入宫禁，百姓绝少。"⑤为了补充劳动力以供养贵族，金统治者始逐步向中都地区移民。史料记载，"（张）浩请："凡四方之民欲居中都者，给复十年，以实京城，从之。"⑥正说明了这一点。

① 《建炎以来系年要录》《元一统志》《永乐大典·顺天府志》。

② （宋）宇文懋昭：《大金国志校证》卷十三《海陵炀王纪》，中华书局，1986年，第187页。

③ （清）于敏中等编纂：《日下旧闻考》卷二十九《宫室》，北京古籍出版社，1981年，第421页。

④ （元）脱脱：《金史》卷五《海陵本纪》，中华书局，1975年，第100页。

⑤ （清）于敏中等编纂：《日下旧闻考》卷二十九《宫室》，北京古籍出版社，1981年，第421页。

⑥ （元）脱脱：《金史》卷八十三《张浩列传》，中华书局，1975年，第1863页。

其后，金廷又陆续在中都新城四周修筑坛、庙、太学等建筑。"天德以后，始有南北郊之制，大定、明昌其礼寖备"，"南郊坛，在丰宜门外，当阙之巳地"，"北郊方丘，在通玄门外，当阙之亥地"，"朝日坛曰大明，在施仁门外之东南，当阙之卯地"，"夕月坛曰夜明，在彰义门外之西北，当阙之酉地"①。"迨亮徙燕，遂建巨阙于内城之南、千步廊之东，曰太庙，标名曰衍庆之宫，以奉安太祖旻、太宗晟、德宗宗干（亮父）。又其东曰元庙（按当作原庙），以奉安玄祖劾者、仁祖大圣皇帝杨割。至褒立，迁亮父德宗于外室，复奉安父懿宗宗庙于太庙，其昭穆各有序。"②

# 二、城墙体系的营建特征

## 1. 城墙

金中都外城墙相关设施的具体营建，史料中鲜见记载。据早年的考古调查和勘探成果，金中都外城周长18690米，与史料记载"三十里许"基本吻合。《金史·地理志》记载，金中都"城门十三，东曰施仁、曰宣曜、曰阳春；南曰景风、曰丰宜、曰端礼；西曰丽泽、曰灏华、曰彰义；北曰会城、曰通玄、曰崇智、曰光泰"。

2019～2020年的考古发掘显示，金中都外城约呈北偏西2°，城墙墙体用较为纯净的黄褐色或红褐色土夯筑而成，基部完整宽度为24米，残存最高处1.8米；城墙夯层一般厚5～15厘米，局部夯层厚达18厘米；夯窝直径2～14厘米，大夯窝深3～6厘米，小夯窝深2厘米左右。南城墙和西城墙具体情况也有不同：万泉寺南城墙遗迹夯土土质偏黄，沙性较大，亲水性强，夯层中钙化水锈现象明显，夯层厚5～16厘米，下部夯层较上部更厚，上层夯窝直径3～14厘米，局部排列整齐；高楼村西城墙遗迹夯土土质为红褐色黏性土，下部夯层中见有铺垫黄沙的现象，局部形成红褐色钙化水锈痕，夯层厚8～18厘米，夯窝直径5～10厘米，局部排列整齐。不同层位、不同区域的夯层厚度不完全统一，夯窝大小、排列和密度也不完全相同，整体而言，南城墙夯窝较大，西城墙相对稍小。这不仅与两处城墙夯土的土质不同有关，也反映了当时夯

---

① （元）脱脱：《金史》卷二十八《礼一》，中华书局，1975年，第693页。

② （宋）宇文懋昭：《大金国志校证》附录二《金虏图经》，中华书局，1986年，第595页。

筑作业可能由多人同时进行、所用夯具大小不同。由于本次发掘揭露面积有限，未发现明确的夯具，但在房山金陵、金上京以及金代塔虎城遗址发现了直径10、15、20厘米不等的石质圜底夯具，推测金中都城墙夯筑所用夯具与之相似。因墙体夯土遭晚期破坏严重，本次考古所见仅存城墙下部的夯层，平、剖面上未见到明显的版线痕迹。发现的6处城墙遗迹均未见规整的基槽结构，但在南城墙基部都发现了用于平整的垫层，土质基本与城墙相同，夯层不明显。而西城墙基部未见明显夯土垫层，但是可明显观察到在第4层地层面上施底夯且铺垫黄沙的迹象。

中国古代城墙墙体建造的最基本方法就是夯筑，即用夯杵等夯具打土，通过外力不断作用使得土质更加密实，逐层加土夯打，从而形成密实坚固的夯层。考古证实，仰韶文化晚期的郑州西山遗址①开始出现了版筑夯土工艺，利用模板模具夯筑城墙，但是尚处在较为原始的阶段，夯层较厚且不均匀。郑州商城②城墙开始采用横向分段版筑法，且城墙两侧开始出现护城坡，工艺更加进步。洛阳东周王城③城墙版筑技术更加成熟，出现整体平夯和方块版筑两种方法。

到了宋代，城墙建造技术开始有了官方的标准，北宋《营造法式·壕寨制度》中"筑城之制"条对筑城技术有了详细的规定（图九六）："每高四十尺，则厚加高一十尺，其上斜收减高之半。若高增一尺，则其下厚亦加一尺，其上斜收亦减高之半，或高减者亦如之。"④底宽与城高的比例为三比二。熙宁八年至元丰元年（1075～1078）重修开封外城时"横度之基五丈九尺，高度之四丈，而埤堄七尺"⑤，比例基本与之吻合。据此，则金中都外城墙体底部宽24米，墙高约16米。按照金代的1尺相当于现在31.6厘米⑥计算，大致可知金中都外城墙底宽近80尺，高约50尺。

对于城墙基部的夯筑，《营造法式》记载："城基开地深五尺，其厚随城之厚。""筑基之制"对夯筑基础的施工技术要点做了阐述："每方一尺，用土两担；隔层用碎砖瓦及石札

---

① 国家文物局考古领队培训班：《郑州西山仰韶时代城址的发掘》，《文物》1999年第7期。

② 河南省文物考古研究所：《郑州商城》，文物出版社，2001年。

③ 中国社会科学院考古研究所编：《洛阳发掘报告》，燕山出版社，1989年。

④ （宋）李诚：《营造法式》卷三《壕寨制度》，商务印书馆影印本，1954年，第55页。

⑤ 徐松：《宋会要辑稿》方域一，上海古籍出版社，2014年，第9278页。

⑥ 吴承洛：《中国度量衡史》，商务印书馆，1993年。

等，亦二担。每次布土厚五寸，先打六杵（二人相对，每窝子内各打三杵），次打四杵（二人相对，每窝子内各打二杵），次打两杵（二人相对，每窝子内各打一杵）。以上并各打平土头，然后碎用杵辗蹋令平；再攒杵扇扑，重细碾蹋。每布土厚五寸，筑实厚三寸。每布碎砖瓦及石札等厚三寸，筑实厚一寸五分。凡开基址，须相视地脉虚实。其深不过一丈，浅止于五尺或四尺，并用碎砖瓦石札等，每土三分内添碎砖瓦等一分。"[1]这样的建筑基础就是俗称的"夯夯层"结构，即一层夯土一层碎砖石交错叠压、夯打咬合，从而使得基础更加坚固，同时根据实际土质等具体情况，基槽深浅不一。

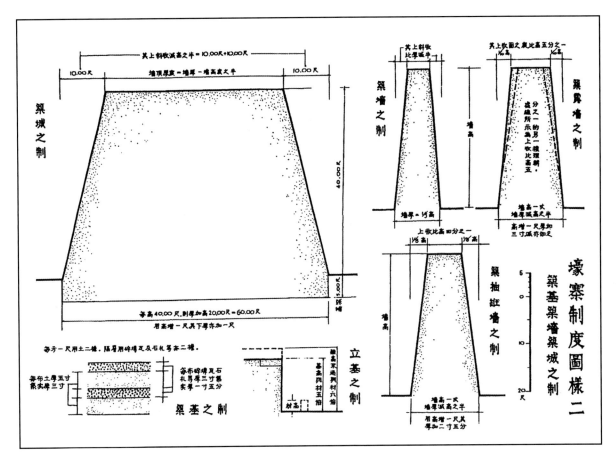

图九六　《营造法式》"筑城之制"图解

（采自《〈营造法式〉译解》，华中科大出版社，2017年）

墙体基部如此的处理工艺当与城址的级别、规模相关。考古资料显示，在东北地区发掘的

---

① （宋）李诚：《营造法式》卷三《壕寨制度》，商务印书馆影印本，1954年，第54页。

金代大型城址前郭塔虎城南墙①、小型城址双城车家城子城址②、德惠后城子城址③等均未发现基槽，墙体为平地起建、夯筑而成。而都城级别的辽上京④、金上京⑤、北宋东京城⑥等都发现了类似的基槽遗迹，但深度和夯打模式似不及《营造法式》记载的标准。类似的基槽处理方法在金中都大安殿基址以及近年来陆续发掘的一些大型建筑基础底部也有发现。

本次金中都外城城墙遗迹的基部尚未见到如此规整的大基槽夯筑迹象，而更类似于平地起建的夯筑模式，只是在墙基底部进行了去高补低的找平工作，仅在局部区域发现疑似小基槽的痕迹，且小基槽内也未见上述"夯夯层"的规整处理。结合中都城的营建背景来看，这样的墙基结构特征可能有主、客观两方面原因。客观上，可能与当地城墙起建前的地层土质关系较大，据发掘可知，金中都城下的第4、5层堆积为红褐色或深褐色的胶泥土，土质相对较黏重而结实，故对基部进行大规模夯筑处理的必要性不大。主观上，当时营建金中都城的时间非常紧迫、工程营建相对较为仓促，且当时疫病造成工匠死伤惨重，基础处理工程的简化可以节省时间和成本。

其次，2019～2020年发掘的6处金中都地下城墙遗迹中均未见到有墙体包砖现象，仅在西墙外的马面外侧发现了包砖沟痕迹，在路沟2020FJⅡL2G1中发现数块金代沟纹砖，不知是否与城墙用砖有关。而年代稍早的金上京在南、北城的城墙及腰墙和马面两侧都发现有包砖。且在金上京南垣西门瓮城墙的内侧发现有夯土城墙的排水设施⑦，与《营造法式》中提到的"城

① 吉林省文物考古研究所、吉林大学边疆考古研究中心：《前郭塔虎城2000年考古发掘报告》，科学出版社，2017年，第19页。

② 黑龙江省文物考古研究所：《黑龙江双城市车家城子金代城址发掘简报》，《考古》2003年第2期。

③ 吉林省文物考古研究所、市文物管理委员会办公室：《吉林省德惠县后城子金代古城发掘》，《考古》1993年第8期。

④ 中国社会科学院考古研究所内蒙古第二工作队、内蒙古文物考古研究所：《内蒙古巴林左旗辽上京宫城城墙2014年发掘简报》，《考古》2015年第12期。

⑤ 赵永军等：《考古发掘确定金上京城址建筑与使用年代》，《中国文物报》2014年5月9日第8版；黑龙江省文物考古研究所：《哈尔滨市阿城区金上京南城南垣西门址发掘简报》，《考古》2019年第5期。

⑥ 刘春迎：《北宋东京城研究》，科学出版社，2004年，第112～144页。

⑦ 黑龙江省文物考古研究所：《哈尔滨市阿城区金上京南城南垣西门址发掘简报》，《考古》2019年第5期。

壁水道"相吻合。北宋东京城外城西墙南段侧壁底端也发现有砖砌的下水槽遗迹[1]。这些设施，本次金中都外城墙的发掘中均未发现，有待进一步的考古工作来考证。

本次发掘在2019FJ I T2Q、2020FJ I T0409 ~ 2020FJ I T0410Q现存城墙遗迹北部都发现了二次补筑的现象，补筑的夯土质量明显不如原墙体夯土，土质更杂，且补筑夯层与原墙体夯层不相连，也不能平层对应，夯层稍厚，10 ~ 20厘米，夯窝较为稀疏，直径5 ~ 8厘米，深3 ~ 4厘米。同时，在残存城墙遗迹的两侧都发现有夯土倒塌堆积，较为杂乱，其间包含大面积夯土块，尤其是2019FJ I T2Q南北两端倒塌土堆积中仍能清晰地看到倒置或斜置夯窝痕迹，这里发现的二次补筑和倒塌土堆积都接近墙芯部位。而西城墙两侧未见明显的倒塌和补筑痕迹，仅在东缘外侧发现有后期逐渐形成的塌落土堆积，叠压在早期金代顺城街道路之上。从西、南城墙的坍塌、保存情况以及对夯土成分的科技分析结果能够看出，城墙的质量与土质有较大关系，南城墙遗迹的夯土沙性较大，西城墙遗迹的夯土黏性更大，夯层更为密实。不同的夯土性质正与两处城墙所在区域早期地层的土质有着密切关系。南城墙所在区域第4层胶泥土分布非常不均匀，且厚薄不一，沙性土地层较厚，距地表稍浅。而西城墙地层中底部胶泥土堆积在全发掘区均有发现，厚度更大。结合对城墙遗址地层土壤和城墙夯土所做的检测分析，整体上看，两处城墙的土壤成分与当地土质基本吻合，这也大致能够推断金中都外城墙的夯土当是取自本地。

而《析津志》中记载的："金朝筑燕城，用涿州土。"可能指的是专门用于金中都城宫殿建筑的用土来源。1990年发掘的大安殿基址和2022年在金中都城西南部发掘的建筑基址都发现了非常纯净的黄色土铺垫和夯筑，这样纯净的黄土不见于金中都城一带的地层堆积中，当是从外地运来，专门用于铺设和加工规格较高的宫殿等建筑基础。与上述史料记载较为吻合。

**2. 马面**

高楼村西城墙外侧发现的这处马面遗迹平面呈圆角梯形，南北长20.8 ~ 23.6米，东西宽7.8 ~ 8.2米。马面与城墙分两次夯筑而成，先夯筑城墙，后在城墙外夯筑马面，马面夯层错层叠压墙体夯面，两者交界面上能看到局部城墙土被有意修整的痕迹，从而使得马面与城墙贴合

① 刘春迎：《北宋东京城研究》，科学出版社，2004年，第124页。

更紧密。马面夯层相对稍薄，6～16厘米，夯窝明显更小、更浅且散乱，直径仅2～3厘米，深1～2厘米，发掘时在城墙与马面之间能够观察到一条明显的大、小夯窝分界线。在马面西端，底部向下平整地层的沟槽相对明显，形成疑似基槽痕迹，不深，约0.2米，未见碎砖瓦铺垫的"夯夯层"结构，而是与城墙相连，都在第4层堆积的上界面行底夯后，开始逐层向上夯筑。马面外围包砖已不存，留有单层包砖的沟槽痕迹，推测是贴面砌砖的形式。

马面是我国古代城市的主要防御设施之一，最早见于《墨子》有关城守的《备高临》《备梯》等篇，称"行城""台城"。考古发现的史前城址中仅在郑州西山古城①见有凸出于城垣外侧具有马面功能的"城台"遗迹。东周至魏晋时期在甘肃永昌三角城②、河南洛阳宜阳故城③有类似发现。之后在洛阳汉魏故城遗址正式发掘了一处马面遗迹，证实北魏洛阳城沿用、重修了魏晋洛阳城所筑的马面④。同时在新疆吐鲁番高昌故城⑤、内蒙古察右中旗园子山古城⑥、陕西靖边县北的统万城⑦、吉林集安县高句丽国内城⑧等也都发现了马面遗迹，隋唐洛阳城宫城西城墙外也发掘了两处马面遗迹⑨。考古发现证实，宋、辽、金及其后的城址都大量使用了马面，北宋东京城、辽上京、金上京、元大都、元上都等都城均有发现，且外围一般都有砌砖。有学者对马面进行综合研究认为，马面的形制大致经历了夏代及其前后萌芽期的半圆形、东周至魏晋发展期的方形或长方形、北宋至明清昌盛期的砖筑马面等几个大的阶段⑩。

据《守城录·守城机要》记载："马面，旧制六十步立一座，跳出城外不减二丈，阔狭随地利不定。"⑪沈括在《梦溪笔谈》中谈到马面的设置时，说道："（赫连城）其城不甚厚，

① 国家文物局考古领队培训班：《郑州西山仰韶时代城址的发掘》，《文物》1999年第7期。

② 甘肃省博物馆文物工作队、武威地区展览馆：《甘肃永昌三角城沙井文化遗址调查》，《考古》1984年第7期。

③ 洛阳市第二文物工作队：《洛阳韩城战国墓发掘简报》，《文物》2002年第11期。

④ 中国社会科学院考古研究所汉魏故城工作队：《洛阳汉魏故城北垣一号马面的发掘》，《考古》1986年第8期。

⑤ 阎文儒：《吐鲁番的高昌故城》，《文物》1962年第7、8期。

⑥ 张郁：《内蒙古察右中旗园山子唐代古城》，《考古》1962年第11期。

⑦ 陕北文物调查征集组：《统万城遗址调查》，《文物参考资料》1957年第10期。

⑧ 集安市文物保管所：《集安高句丽国内城址的调查与试掘》，《文物》1984年第1期。

⑨ 洛阳市文物考古研究院：《隋唐洛阳城宫城西城墙及马面发掘简报》，《洛阳考古》2015年第4期。

⑩ 叶万松、李德方：《中国古代马面的产生与发展》，《考古与文物》2004年第1期。

⑪ （宋）陈规：《守城录》，《全宋笔记》第9编第1册，大象出版社，2018年，第255页。

但马面极长且密，予亲使人步之，马面皆长四丈，相去六七丈。以其马面密，则城不须太厚，人力亦难攻也。予曾亲见攻城，若马面长则可反射城下攻者，兼密则矢石相及，敌人至城下则四面矢石临之。须使敌人不能到城下，乃为良法。今边城虽厚，而马面极短且疏，若敌人可到城下，则城虽厚，终为危道。"①从以上两条记载可以看出，马面的存在是与城墙相辅相成的，马面的位置、间距、数量、规模等都与城墙的结构、实际的地利条件，尤其是城防的需求等密切相关，最重要的规则当是因地制宜，因需而定，并没有完全的定数。就目前的考古发现来看，马面的形制、结构与城址的类型和规模密切相关，一般面宽较大。如都城金上京的南城南垣外马面呈长方形，面宽13.5～14米，进深5.5～6米②；本次金中都外城西墙外发现的马面遗迹呈圆角梯形，面宽20.8～23.6米，进深7.8～8.2米。而一般城址的马面半圆形居多，如吉林前郭塔虎城半圆形马面直径6米③、吉林秦家屯古城半圆形马面直径10～14米④、黑龙江车家城子半圆形马面直径10米⑤。

至于马面的间距，史料记载差异较大。上文《守城录》中有"六十步立一座"之说。孟元老《东京梦华录·东都外城》中记载，开封外城"每百步设马面战棚"⑥。按宋制五尺为一步，六十步为三百尺，则《守城录》记载为三十丈设一座马面，开封城五十丈才设一个马面。按营造尺1尺＝0.314米推算，则以上两条史料的马面间距分别是94.2米和157米。据考古调查和勘探，金上京外城每隔80～130米构筑一个马面，共84个⑦；辽上京皇城周围马面的间距95～105米，残存43个⑧。金中都外城的马面间距可能与此两者基本相当，在100米左右，抑或在西、南城防需求较大的区域，马面密度稍大，有待进一步的考古工作去证实。

---

① （宋）沈括：《梦溪笔谈》卷一一《官政一》，中华书局，2015年，第110页。

② 承蒙黑龙江省考古研究所刘阳提供考古勘探新资料。

③ 吉林省博物馆：《吉林他虎城调查简记》，《考古》1964年第1期。

④ 陈相伟：《吉林怀德秦家屯古城调查记》，《考古》1964年第2期。

⑤ 黑龙江省文物考古研究所：《黑龙江双城市车家城子金代城址发掘简报》，《考古》2003年第2期。

⑥ （宋）孟元老撰，伊永文奇笺注：《东京梦华录》卷一《东都外城》，中华书局，2006年，第2页。

⑦ 景爱：《金上京》，生活·读书·新知三联书店，1991年，第30、31页。并承蒙黑龙江省考古研究所刘阳提供考古勘探新资料。

⑧ 董新林：《辽上京规制和北宋东京模式》，《考古》2019年第5期。

内侧壁比外侧壁更坚固。其中西京洛阳城城壕内侧护坡呈45°斜坡，而外侧壁则是陡直的生土壁。本次发掘的金中都外城护城河两侧未见明显护坡遗迹，但是在晚期堤坡的内侧壁上发现了素面青砖铺垫的现象，可能与护坡性质有相似之处。

### 4. 城内顺城街道路

2019～2020年共清理中都城内顺城街道路遗迹3条，分别位于万泉寺南城墙遗迹北侧（内侧）和高楼村西城墙遗迹东侧（内侧），与城墙走向基本平行，且均与城墙边界处相衔接。这些道路遗迹中，西城墙内顺城街道路路土堆积保存较好，包含早、晚两期的沿用，最厚处达1.25米，其中晚期道路堆积较早期道路更厚；南城墙内顺城街道路路土堆积遭晚期破坏较为严重，最厚处仅0.5米，大范围内只清理出最底层的路土，最薄处只有0.03～0.05米。

这些道路遗迹的底部都呈现出外高内低的倾斜度，即靠近城墙墙体一端道路路面较高，而靠近城内的路面略低。这是由道路的使用频次造成的，越靠近道路中间部位，使用越多，路面由于长期的碾压和踩踏而变得更低。而越靠近城墙墙体的路土，尤其是与城墙相连接处，由于踩踏较少，且因城墙边缘土层的塌落和铺垫，使得路面局部增高，或叠压于城墙边缘夯土之上。这种现象在万泉寺南城墙内顺城街道路表现最为明显。同时，由于道路的长期使用，局部会有不定期的加工、修整和铺垫等，不同区域的路土堆积、包含物也不尽相同，这一现象在高楼村西城墙内顺城街道路表现较为明显，南、北两段路土堆积差异较大。

# 三、外城防御系统

此次考古发掘揭露的城墙、马面、护城河、顺城街道路构成了金中都外城防御系统的最主要组成部分。城墙与护城河相平行，基部宽24米，高约16米，可谓高大巍峨。护城河与城墙相距17～19米，宽61.5～65.8米，与城墙构成了双层屏障，"城高池阔"的防御工事可以有效御敌。据楼钥《北行日录》"车行六十里过卢沟河至燕山城外。……道旁无居民，城壕外土岸高厚，夹道植柳甚整"的记载，还可窥见当时护城河两岸堤土高大、岸旁栽柳的情形。

西城墙外发现的马面遗迹，平面圆角梯形，三面凸出于墙体外，从而使得直线形的城墙可以三面迎敌，视野更加开阔。在冷兵器时代，马面的存在极大地提高了守城和御敌的效率。另外，在西城墙外侧的灰坑里集中发现了"官""内"字款砖和莲花形石幢顶，在顺城街道路的路沟遗迹中还发现了残石碑等遗物，推测附近当有其他相关建筑遗迹。据史料记载，金中都外城的城门多为瓮城门，如范成大《揽辔录》记载："……入丰宜门，即外城门也。两边皆短墙，有两门，东西出，通大路，有兵寨在墙外。"张棣《金虏图经》云："都城之门十二，每一面分三门，一正两偏焉。其正门四傍皆又设两门，正门常不开，惟车驾出入，余悉由傍两门焉。"从这两则文献描述可以看出，外城正南门丰宜门外有方形瓮城，东、西、南各有一门，其中南门与丰宜门正门相对，南北贯通，平时不常开，只供帝王的车驾出入。而东、西贯通的两个瓮城门则是供平时之用。这样的瓮城门在战时可与城墙、马面相互补充，占据攻守的优势位置，从而消除城防死角。

除了上述城防设施，此次在西城墙外护城河东岸边、南城墙附近都发现了当时作战用的石礌，早年20世纪50年代考古调查时在东城墙陶然亭一带也发现有石礌，且在白云观北护城河附近还发现有数量较多、排列整齐的石炮弹等，这些都是金中都城防的重要作战工具。2010年在金中都外城西南隅揭露的一处兵营遗址的古井中发现了一副金代铁盔甲[1]，从一个侧面反映了金中都外城驻扎军队的情形，是金中都外城城防驻军的一个重要证据。

外城墙体系是一个城市对外御敌的重中之重，甚至决定着一个城市对外防御的成败，若外城失守，内城防御基本上形同虚设。金中都外城防御设施齐全，城高池阔、兼有马面的防御工事反映了金朝统治者对外御敌的重视。史料记载，金中都城于大安三年（1211）、崇庆元年（1212）、贞祐元年（1213）、贞祐二年（1214）四次被蒙元大军围攻而不破，我们认为很大程度上得益于金中都外城坚固的防御体系，有效延缓了蒙古大军的步伐，从而使得金中都城没有在短时间内沦陷。

---

① 韩鸿业、冯双元：《丰台区丽泽商务金融区金代遗址》，《中国考古学年鉴·2010年》，文物出版社，2011年，第138、139页。

# 第二节　金中都城的历史变迁

2019～2020年的发掘工作，从多个方面揭示并印证了金中都城营建、使用、沿用、遭破坏、彻底废弃的变迁历程，下面从考古地层与遗迹的关系及出土物特征、遗迹的分期与沿用、周边墓葬的分布等方面加以探讨。

## 一、地层及出土物的分析

如前文所述，2019～2020年两个发掘区的地层大致可分为六层，城墙墙体始建面以上有三层（第1～3层）文化堆积，墙体以下有三层（第4～6层）文化堆积。从下向上、从早到晚的地层年代依次是：第6层及以下大致在商周之前；第5层为汉代，上限可到西周时期；第4层在唐～辽时期；第3层为金末至元代；第2层为清代；第1层为近现代。

从地层与遗迹的形成次序看，金中都城西南区域最早是商周之前古㶟水故道冲积区，沙石层较厚。之后是西周～汉代文化层，再之上是唐～辽时期的文化层。该层之上起建金中都城，有外城墙、马面和早期护城河、道路等遗存。

第3层金末至元代地层在南城墙发掘区（Ⅰ区）仅于城内（墙北侧）局部区域有发现，而在西城墙发掘区（Ⅱ区）的堆积较厚，普遍存在于城墙与护城河之间的区域，根据土质、土色及包含物又分为③a、③b层，且下部的③b层在局部区域形成向下的挖就、破坏痕迹，打破之下第4层地层，包含物较少，上部③a层的堆积分布相对较平整，包含物更丰富。同时，在南发掘区（Ⅰ区）和西发掘区（Ⅱ区）分别发现了开口于第3层、3a层下的灰坑。从以上地层年代、分布和存在形式能够看到，大约在金末，中都城遭到了一定的重创或破坏，而元代作为"南城"继续使用期间，又有了丰富的人类活动。

第2层清代地层在两个发掘区均有大面积分布，城墙内、外以及城墙墙体上都叠压有该地层，且从2019FJⅠT1南端的地层剖面上可以看到，清代地层不仅叠压在探沟中部的墙体之上，更是垂直向下打破了墙体南段，反映了当时的人为破坏或取土行为。从这里也能得知，万泉寺南城墙在清代已经被大规模破坏和毁弃了。

厚厚的近现代地层第1a、1b层叠压在发掘区最上部,厚1.3～3.5米,上层是明显的近现代房屋基础及生活管线,下层是生活垃圾等扰坑,最厚的地方直接打破了金代墙体、道路等遗迹,局部区域更是向下打破了第4层地层以及唐代、辽代墓葬等,对早期遗迹造成较大破坏。且两个发掘区金代遗迹遭破坏的形式也不尽相同,南城墙发掘区(Ⅰ区)是直接下挖式扰动或取土的破坏痕迹,直接挖到了城墙中心部位,夯土残存最宽处仅14米有余,但是墙体中部残存相对较高,有1.8米;而西城墙发掘区(Ⅱ区)是遭到整体向下的破坏,城墙直接叠压在现代扰层下,所以本次考古发掘得以找到西城墙的东、西两个边界,揭露了完整的城墙基部,但是最高处仅存1.2米。

金中都属于典型的"古今重叠"型城址,商周、汉、唐、辽、金、元、明清时期的人类活动乃至现在北京城市的叠压,使得金中都城的地层堆积更显复杂。这也是金中都城市考古工作的一个重要特征和难点所在。

此外,从出土遗物观察,各时期地层中发现的具有代表性的器物也大致反映了金中都城一带的历史变迁。西周陶鬲足代表了当地燕—蓟文化传统;汉代陶豆残片、隋唐饼足瓷碗等器物的典型特征则反映了汉、唐大一统背景下该地与中原文化面貌的趋同;龙泉务窑及周边山西、河北窑口的白瓷片反映了契丹辽王朝雄踞北疆以及辽南京作为陪都的历史地位;金代定窑、钧窑、耀州窑、景德镇窑乃至高丽青瓷的发现体现了金代女真帝国进一步统治北中国以及与南宋、高丽等文化交流的背景。这些遗物特征的演变从一个侧面间接反映了北京从一处边陲重镇发展为"一国之都"历史地位的变迁。

# 二、遗迹的分期与沿用

## 1. 护城河的分期与沿用

从上文分析可知,西城墙外护城河可分为早、晚两期,分别是金代营建之时挖就、元代继续沿用期间扩展,早晚共用了同一个河道。护城河内堆积可分为六层、三期,其中最早的HG⑥是金代堆积。HG③、HG④、HG⑤三层堆积是元代沿用期间形成的文化堆积,且在晚期东岸边还发现了砖砌的排水沟遗迹。而HG①、HG②层则是护城河在明清时期彻底废弃前后的填埋堆积。

以上，从护城河内堆积的分期上，能够观察到西城墙外护城河使用、沿用和废弃的历程。

**2. 道路的叠压和沿用**

道路的叠压、修整和沿用，是我们在本次发掘中比较关注的方面之一。在高楼村西城墙遗迹内侧发现的道路有三个时期的叠压，最下层的道路遗迹（2020FJⅡL3）最薄，从其开口层位、叠压地层来看，是与城墙遗迹同时期的金代道路。第二层道路遗迹（2020FJⅡL2）叠压于金代道路（2020FJⅡL3）之上，且更向东（城内）。两期道路之间在局部区域见有较厚的淤积层，并且该期道路与城墙之间发现有路沟遗迹，路沟与城墙之间还有城墙塌落土堆积。根据出土遗物判断，该层道路是中都城在元代作为"南城"沿用期间所形成的遗迹。最上层的道路遗迹（2020FJⅡL1）叠压于元代道路（2020FJⅡL2）之上，根据地层叠压及出土遗物，推断为清代道路。三期道路遗迹的叠压和沿用足以说明金中都城内的这条顺城街道路使用时间之长，不仅在中都城使用的金、元两个时期是城内通行的一条要道，而且到了清代，道路的西边界也未超过城墙的东边缘。这就说明，到了清代，虽然金中都城已经废弃了，但是这一带的城墙可能尚存，道路仍是沿着城墙内侧在使用。同时我们从元代道路、路沟与城墙之间的塌落土堆积关系中能够观察到，元代使用"南城"期间并未对该处的城墙进行修缮，并且由于城墙东缘夯土的塌落，使得元代道路更靠向城内。从南部解剖沟的剖面上可以清楚地看到金代道路→雨水冲积层→城墙东缘塌落土→元代道路→道路路沟→清代道路等遗迹依次先后形成的过程。

在万泉寺南城墙遗址2019FJⅠT1探沟内发现的金代道路（2019FJⅠT1L2）堆积较厚，可能使用时间较长，下部路土剖面可见明显的车辙痕迹。在金代道路之上是金末~元代的地层（2019FJⅠT1③），再之上发现了清代道路遗迹（2019FJⅠL1），这条道路路土堆积不厚，且较金代道路（2019FJⅠL2）更靠北，也即更靠城内，距离南城墙北缘5米左右。同时，在城墙夯土上部发现了与清代道路同时期的清代地层（2019FJⅠT1②），其对残存城墙的南端有近乎垂直向下的破坏。从以上这些地层和道路的叠压、打破关系中，我们初步推断，万泉寺南城墙一带在清代已经有了较为明显的人为取土行为，金中都城墙被彻底毁弃，故而这一时期的道路更靠向北。

# 三、墓葬分布的探讨

本次共发掘墓葬20座，分别为1座唐墓、1座辽墓、18座清代墓葬。

唐代墓葬2020FJⅠM20发现于南城墙发掘区T2探沟中部，层位上，由于遭晚期活动破坏严重，直接叠压于近现代地层第1b层下，墓葬上部已被破坏无存，仅残存墓葬近底部。但相对金中都城的位置，该墓葬正好处于2019FJⅠT2残存的南、北两段城墙夯土连线之下。

辽代墓葬2020FJⅠM19发现于南城墙发掘区2020FJⅠT0409、2020FJⅠT0509之间，层位上，该墓叠压于金代南城墙遗迹和顺城街道路之下。相对金中都城的位置，该墓正处于南城墙遗迹北缘与顺城街道路南端的交界区域。

18座清代墓葬发现于两个发掘区，均开口于近现代层第1层下，年代属于清代晚期。其中南城墙发掘区（Ⅰ区）11座清代墓葬分布于东北2019FJⅠT5北部、中部2019FJⅠT2南端以及西南2020FJⅠT0202、2020FJⅠT0301、2020FJⅠT0302等探方内；西城墙发掘区（Ⅱ区）7座清代墓葬分布于中部2019FJⅡT1中段、东部2020FJⅡT0416、2020FJⅡT0417等探方内。相对金中都城的位置，Ⅰ区发现的清代墓葬分布于城墙夯土之上以及南、北墙缘部位；Ⅱ区发现的清代墓葬分布于城外护城河东岸边以及城墙夯土之上、城墙东缘、城内顺城街道路之上等地点。

此外，近年我们在配合北京地铁14、16号线建设的考古发掘中，于丰台丽泽商务区一带发现有战国～西汉时期的瓮棺葬、北朝时期的小型弧边砖室墓、唐代弧角方形砖室墓、辽代圆形砖室墓，以及元末明初长方形砖室墓、明清时期长方形土坑墓等。相对金中都城的位置，丽泽商务区一带属于金中都外城内西南隅。其中北朝、元末明初的墓葬数量极少，唐代、辽代墓葬数量稍多，数量最多的是明清时期的土坑墓，从地理位置上看，这些明清墓葬遍及金中都城内外。

按照中国古代墓葬一般都埋葬在城外的理论来分析，金中都城西南区域发现的上述各时期墓葬，当分别位于战国时期的燕都、西汉时期的燕国、东汉～隋唐时期的幽州、辽代的陪都南京、元代的大都城、明清北京城等城址之外，且与当时城市有一定的距离。这样的分布从一个侧面反映了金中都城所在区域的历史变迁。金代营建中都城之前，这里是蓟城、唐幽州、辽南京的城外，而完颜亮对金中都城进行改、扩建时将这片区域拓展为金中都城内的西南隅。尤其是金中都南城墙遗迹下唐代、辽代墓葬的发现，更是直接印证了金中都城在唐幽州、辽南京城的基础上向南，也即向外扩建的史实。到了元末明初之时，随着金中都城的逐渐废弃，原来金中都城内的区域变成了元大都的郊区，于是出现了极少数的埋葬活动。而到了明清时期，随着北京城的大规模营建和使用，金中都城彻底被毁弃，原来金中都城内外所在的大片区域，已经变成了明清北京城外的郊野之地，于是有了大规模的埋葬行为。以上是从墓葬的分布上，我们初步梳理出来的金中都城改、扩建的史实，以及北京城的历史变迁脉络。

# 四、小　　结

据史料分析，金中都城是依照北宋东京城的都城模式，在辽南京城的基础上向外改、扩建而成的，营建的时间大致在天德三年（1151）至贞元三年（1155）的五六年时间里。金中都城的发展，历经了完颜亮、金世宗、金章宗时期的繁荣，至卫绍王大安三年（1121），金中都城发生了"大悲阁灾，延烧万余家，火五日不绝"[①]的严重火灾，同年又受到了蒙古骑兵南下围攻，金中都城遭到一定破坏。金宣宗贞祐二年（1214）蒙古军再次南下围困金中都，"京师乏粮，军民饿死者十四五"[②]。五月，金宣宗决定迁都汴京。帝王南迁，民心动摇，社会混乱，大量人口南迁，金中都城最终沦陷。金中都宫阙废毁的同时，城市民居也遭一定破坏。至元四年（1267）忽必烈于金中都城外东北郊筑大都新城，中都旧城被称为"南城"，南北二城并置使用。大都城主要供皇室贵族办公、居住，还有大量富商巨贾及侍卫军队等。而中都城则继续供下层居民使用，包括下层官吏、商人、手工工匠以及一般市民等，自元初至中后期南城一直是一个居民众多、手工业和商业大量发展，游览古迹的繁荣之地。元末自然灾害频发，加之政治腐败、经济衰落，京师粮食供应出现危机，大量人口因饥疫而死亡，南城迅速衰败。元

---

① （元）脱脱：《金史》卷二十三《五行志》，中华书局，1975年，第541页。

② （宋）宇文懋昭：《大金国志校证》卷二十四《宣宗皇帝纪年上》，中华书局，1986年，第325页。

至正二十八年（明洪武元年，1368）明军北伐，战争促使大量人口外逃，这是元末明初南城衰落、废弃的另一重要原因①。永乐皇帝迁都北京，将大都南墙南移1.5里，叠压了原金中都城墙东北段，金中都城也因此逐渐被废弃。嘉靖年间，为加强城市防御，开始修建北京外城，形成"凸"形轮廓，西城墙压在原金中都宫城中轴线上。至此，原金中都城东半部分在城市发展变迁中基本被破坏殆尽，而西南角城墙因远在城郊而得以幸存。

通过上文从考古地层及出土物的分析、考古遗迹的分期及沿用、周边墓葬的分布探讨等，也大致印证了金中都城址的变迁历程。从地层和遗迹的形成顺序来看：

金末中都城遭到了破坏或重创，从西城墙发掘区（Ⅱ区）被金末～元代地层打破的城墙遗迹，以及金代道路与元代道路之间间隔的较厚的淤层堆积等现象都能得到一些启示。到了元代，中都城继续沿用期间形成了生活所用的灰坑、道路，以及晚期护城河堤岸和河内堆积、岸边排水沟遗迹等。并且通过西、南两个发掘区元代道路和地层堆积的分布和叠压形式来看，似乎南城墙一带在元代城市活动相对较少，而西城墙附近活动相对较为丰富。此外，从西城墙内元代道路遗存与城墙东边缘的塌落土堆积的关系中，也能观察到中都外城墙在元代失修的现象。元末明初，在中都城内西南隅发现的墓葬，说明此时原金中都城的区域逐渐变为了郊野，金中都城开始毁弃。而到了明清时期，金中都城则被完全废弃。虽然金、元时期的道路到了明清时期仍有沿用，但从地层上能够看出南城墙夯土在清代被大规模取用的行为时有发生，此时很多区域的城墙均遭到大规模的频繁破坏，且清代墓葬遍及原金中都城内外。此外，南城墙遗址2019FJⅠT4探沟的晚期扰乱地层中发现了大量的素烧瓷盏，推测与明清时期附近的寺庙遗迹相关，可能是当时上香供奉时的遗物残留。反映了当时城墙一带的生活景象。

综上所述，结合文献记载与考古发现，金中都城经历了完颜亮时期的营建，金代中期的繁荣以及金末的残破之后，又历经了元代的发展及元末明初的衰落，最终在明清时期被彻底废弃。

另据丰台区当地老人讲，20世纪三四十年代日本侵略者在此修建大批营房、炮楼时，由于砖不够用，就在城墙附近办起了洋式砖厂，烧砖用的土全部取自城墙的夯土。20世纪60年代在

① 韩光辉：《金中都兴衰过程考》，《京华旧事存真（第四辑）》，北京古籍出版社，1997年。

城墙附近挖防空洞时还发现有石礌等作战工具。可见金中都城在20世纪30～60年代毁弃是最严重的，与本次两个发掘区最上部厚厚的现代层堆积的内涵相一致。

# 第三节　与其他城址的比较

宋、辽、金、元是中国古代都城制度发展史上的又一个新阶段。宋代随着城市经济的发展，手工业和商业的繁荣，客观上促成了之前唐代封闭式里坊结构的崩解，沿河近桥和城门口新的"行""市"兴起并逐渐繁荣起来，这是中国古代都城制度上的一次重大变革[①]。

而北方民族建立的辽、金、元三个政权都有着非单一政治中心的传统，辽代建有五京、金代先后建有七京、元代也有四季离宫，这种模式除了效仿中原政权传统上的多京制外，更与北方民族"逐水草而居"的特点，以及"二元"政治统治制度紧密相关。辽、金、元时期建都、迁都的历史过程见证了北方民族逐渐统一中国北方，继而入主中原，进而一统天下的进程。辽、金、元都城制度的沿袭和变革是文化融合的结果，也是中华民族多元一体文化格局形成的坚实基础。

北宋东京城和辽上京城是时间上基本相对应的两座都城，分别以中原传统文化和北方民族特色为其典型特征。到了金代，兴起于中国东北的女真民族在早期选择了代表北方民族特征的都城模式，金上京城的营建虽然受到了北宋东京城的少许影响，但其更多沿袭了辽上京的都城格局。之后，随着"入主中原"理念的深入，金中都城则大幅接受了北宋都城的营建模式，可以说是北宋东京城的一个缩影。继起的元大都是全国大一统的政治、经济、文化中心，是基本中原化的一座都城，成为真正"一统天下"的都城所在。

将金中都放在这个大的历史时段进行考察，能够从纵、横两方面理解其在中国古代都城发展史上的重要意义。

---

① 杨宽：《中国古代都城制度史研究》，上海古籍出版社，1993年，第248～267页。

# 一、北宋东京城址

北宋东京城是北宋帝国的首都，遗址位于河南省开封市。北宋东京外城是在唐代汴州城、五代都城基础上改建而成的一座都城。

都城形制上，北宋东京外城平面略呈平行四边形，在五代后周扩建外城的基础上又进行多次重修和扩筑，对前者"以街道为主要界限划定街坊"的理念进一步规划，形成了开放式的街巷布局。北宋末年城内商业区和居民区打成一片，在交通便利的重要街道和沿河近桥处又形成繁华的新"街市"（图九七）。东京内城沿袭唐汴州城的形制，略呈正方形，位于扩建后的外城中央，其内中部偏北有宫城，呈纵向长方形。外城、内城、宫城形成了三重城相套的结构，且以"龙亭大殿"为基点，向南依次由宫城正门（宣德门）、内城正门（朱雀门）和外城正门（南熏门）形成一条南北向中轴线。东京城自南而北有蔡河、汴河、金水河和五丈河等四条河流贯穿城中，是重要的漕运和供、排水系统。①

建筑规模上，北宋东京外城周长29120米，折合宋里52里左右，与文献记载的"50里125步"基本吻合。据《东京梦华录》记载，外城有12个城门和6个水门。城外有护城壕，"阔十余丈，壕之内外，皆植杨柳，粉墙朱户，禁止往来……每百步设马面战棚，密置女头，且暮修整，望之耸然。……每二百步置一防城库，贮守御之器"②。

考古勘探和发掘成果显示，北宋东京外城城墙底部宽34米，墙体夯土版筑，夯层明显，夯窝均匀，每层之间铺垫有灰褐黏土作为黏合剂，这种黏土是从郑州以西的虎牢关运来专门用以加固城墙的。城墙外侧下部发现下水槽遗迹，墙体下发现0.5～0.8米深的基槽遗迹，用块状砖瓦与杂灰土混合夯打而成。为加强外城防御，在城门外加筑瓮城，考古勘探发现了10个瓮城门，分为"直门两重"的正门和"屈曲开门"的偏门两种形式，偏门又有半圆形瓮城和长方

---

① 内容参考杨宽：《中国古代都城制度史研究》，上海古籍出版社，1993年，第280～322页；刘春迎：《北宋东京城研究》，科学出版社，2004年。

② （宋）孟元老撰，伊永文奇笺注：《东京梦华录》，中华书局，2006年。

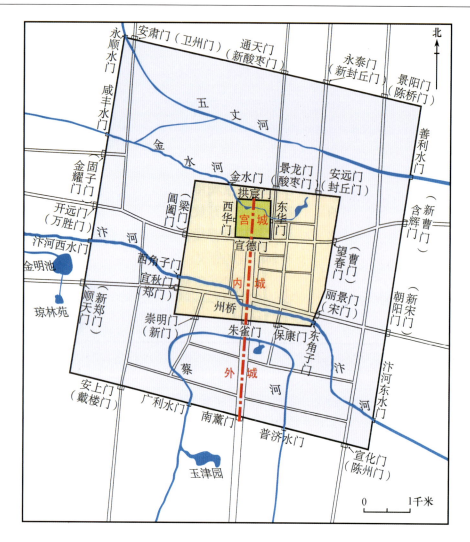

图九七　北宋东京城形制

（董新林，《考古》2019年第5期）

形瓮城两种结构。城外护城河上面宽约30米，底面宽约18米，深6.5米，护城河壁为斜坡式夯土。<sup>①</sup>

# 二、辽上京城址

辽上京城是契丹辽帝国的首都，遗址位于内蒙古巴林左旗林东镇东南。辽上京始建于神册

---

① 　内容参考刘春迎：《北宋东京城研究》，科学出版社，2004年；开封宋城考古队：《北宋东京外城的初步勘探与试掘》，《文物》1992年第12期；丘刚：《北宋东京外城的城墙和城门》，《中原文物》1986年第4期；开封市文物工作队：《北宋东京城外城城壕护坡勘探简报》，《华夏考古》2007年第3期。

三年（918），是辽朝营建最早、使用时间最长、最为重要的都城。

辽上京城平面整体略呈"日"字形，由北部的皇城和南部的汉城两部分组成（图九八）。皇城是契丹皇帝和贵族生活和办公之地，汉城是汉人、商人、使节等居住之所，体现出统治者"因俗而治、分而治之"的理念。皇城和内部的宫城构成"回"字形布局，继承了汉唐文化的传统。辽上京的中轴线向东，偏于宫城南侧，皇城和宫城城门不对称。"日"字形与"回"字形的混搭布局模式，融合了中国北方民族"因俗而治"的理念和汉唐传统"皇权至上"的思想，是辽上京城的开创，于是发掘者提出了"辽上京规制"[1]。

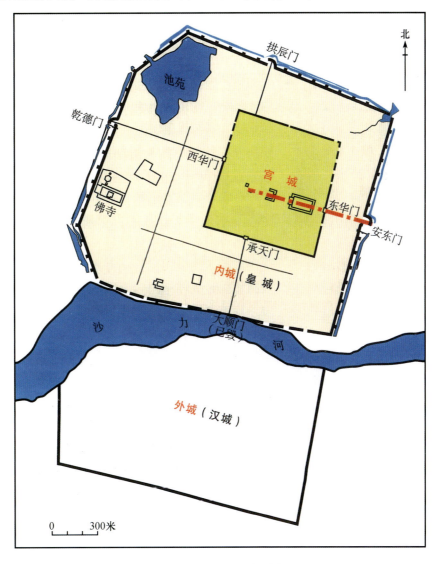

图九八　辽上京城形制

（董新林，《考古》2019年第5期）

---

[1]　内容参考董新林：《辽上京规制和北宋东京模式》，《考古》2019年第5期。

考古成果表明，辽上京皇城和外城均呈不规则方形，周长残长分别为6486.3米和4053.4米，大致推算辽上京南北二城的外周长约10500米。都城防御设施主要集中在皇城。城外有城门四座，已探明的东、西、北门址均有瓮城，且三面城墙外均发现护城壕遗迹。城墙墙体宽10余米，墙体下有深0.5～0.6米的基槽，夯层清晰。马面在皇城四面城墙外均有，共残存43个，近方形，间距95～105米。而辽上京外城则不见马面和瓮城等设施。[①]

# 三、金上京城址

金上京是金朝兴建的第一座都城，是金代早期的政治、经济、文化中心，历金太祖、金太宗、金熙宗三朝，作为金朝国都有38年的历史。现存的金上京会宁府遗址坐落在距哈尔滨市阿城区南2千米处的阿什河畔。

金上京城是在女真人原始城堡"皇帝寨"的基础上营建起来的。太祖兴建之初形制非常简陋。太宗时期金上京城的营建主要以皇宫为主，规模很小。熙宗时期进行了多次扩建，尤其是皇统六年（1146）三月，"上以上京会宁府旧内太狭，才如郡治，遂役五路工匠，撤而新之"[②]，这次扩建规模较大，重点是增广宫室，扩展皇城区域。至此，金上京城的整体形制基本定型。完颜亮迁都燕京，下诏焚毁上京宫殿。后来金世宗朝又重修宗庙宫殿，使之具有了陪都性质[③]。

都城形制上，金上京整体呈南、北二城相接的曲尺形，南城是女真皇帝和贵族生活区，北城是工商业区和其他民族生活区（图九九）。南城内有皇城，两者形成"回"字形相套格局。以上两个布局特点明显仿自辽上京。但同时，由于金熙宗大规模扩建上京之时，金兵早已攻占

---

① 董新林：《辽上京皇城遗址近年考古发掘新收获》，《东北亚古代聚落与城市考古国际学术研讨会论文集》，科学出版社，2016年；董新林：《辽上京规制和北宋东京模式》，《考古》2019年第5期；中国社会科学院考古研究所内蒙古第二工作队、内蒙古文物考古研究所：《内蒙古巴林左旗辽上京宫城城墙2014年发掘简报》，《考古》2015年第12期。

② （宋）宇文懋昭：《大金国志校证》卷十二《熙宗孝成皇帝纪四》，中华书局，1986年，第174页。

③ 赵永军：《金上京城址发现与研究》，《北方文物》2011年第1期；赵永军、刘阳：《大遗址保护视角下的金上京考古工作》，《北方文物》2015年第2期；景爱：《金上京城的规划及其他》，《北方论丛》1979年第6期。

了北宋东京城，皇城宫殿建筑布局与特征，如"工"字形台基、"丁"字形街道等特点沿袭了北宋东京城的风格①。金上京的形制布局，从源头说，融合了汉唐传统两重城相套和辽上京南北二城相接的布局特点，同时又兼有一点北宋东京城的影子。

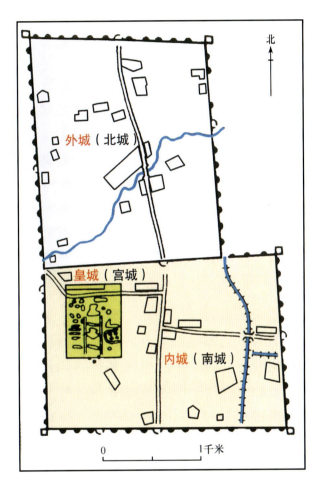

图九九　金上京城形制

（董新林，《考古》2019年第5期）

都城规模与防御上，金上京外城周长约11000米，有马面84座，角楼7处，城门12个，城外全部环绕护城壕。据近年来的发掘成果，金上京腰墙、北城西墙和南城北墙的墙体宽度不一，分别是9.6、10.6、12.8米，墙体两侧有包砖，底部发现有规整的基槽痕迹，用碎砖瓦和夯土相间夯实，深0.15～0.6米②。金上京的12座城门中4座有瓮城。勘探得知南城垣外侧马面呈长方

---

① 秦大树：《宋元明考古》，文物出版社，2004年，第49～53页。

② 黑龙江省文物考古研究所：《黑龙江哈尔滨市阿城区金上京城垣遗迹2013年发掘简报》，《北方文物》2021年第6期。

形，面宽13.5~14米，进深5.5~6米；城外护城壕宽10~19米不等，局部最宽约24米①。

# 四、元大都城址

元大都是蒙古族建立的元朝最为重要的首都，兴建于元世祖忽必烈至元四年（1267）。元大都城址叠压于今北京城下，是明清北京城的前身，横跨现在的北京市东城、西城、朝阳和海淀等区。

元大都外城、皇城和宫城三城环套而呈"回"字形（图一〇〇）。有关元大都的城市规划，徐苹芳明确提出有五个典型特征，即重城式，开放式街巷制的街道规划，官署布局从分散到比较集中，市场在宫城之后（北），左祖右社②。有学者认为《周礼·考工记》对元大都的选址、布局有决定性的作用③。也有学者认为元大都中轴线傍水而划、皇宫傍海而建的特点体现了游牧民族特有的傍水驻营的习俗④。杭侃认为，元大都是基于传统文化基础上的一种全新规划⑤，不仅吸收了中原古典的都城规划思想，如"九经九纬""左祖右社""前朝后市"等布局；也吸收了中原堪舆学说的一些成分，如北侧城门仅设两门的规制；同时还吸收了宋、金都城规划的一些具体做法，如开放式街巷制的街道布置等。元大都建成后，中都城作为"南城"继续使用。董新林认为可将元大都（北城）和金中都（南城）作为整体来考量，其组成的近似"日"字形格局，或许是对"辽上京规制"理念的传承⑥。

考古成果表明，元大都外城呈南北略长的长方形，周长约28600米。城墙夯土版筑，夯土中使用了"永定柱"（竖柱）和"紝木"（横木），墙体底部宽约24米，下有深约0.6米的基

---

① 承蒙黑龙江省考古研究所刘阳提供考古勘探新资料。

② 中国科学院考古研究所、北京市文物管理处元大都考古队：《元大都的勘查和发掘》，《考古》1972年第1期；徐苹芳：《元大都在中国古代都城史上的地位——纪念元大都建城720年》，《北京社会科学》1988年第1期。

③ 黄建军、于希贤：《〈周礼·考工记〉与元大都规划》，《文博》2002年第3期。

④ 潘谷西：《元大都规划并非复古之作——对元大都都城模式的再认识》，《中国紫禁城学会论文集（第二辑）》，紫禁城出版社，2002年，第17~21页。

⑤ 杭侃：《蒙元四都记之三——争议元大都》，《文物天地》2003年第10期。

⑥ 董新林：《辽上京规制和北宋东京模式》，《考古》2019年第5期。

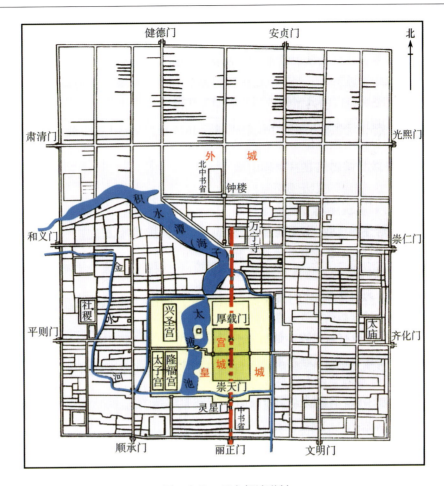

图一〇〇　元大都城形制

（董新林，《考古》2019年第5期）

础，顶部发现有半圆形瓦管排水设施。外城共有城门11座，是唐宋以来的"过梁式"木构门洞，后来补修有瓮城。城四角建有巨大的角楼，城外等距离建有加强防御的马面，其外再绕以又宽又深的护城河。[①]

## 五、小　　结

由上文所述，金中都城是在辽南京城基础上进行改、扩建而成的一座都城，其营建大量模

---

① 中国科学院考古研究所、北京市文物管理处元大都考古队：《元大都的勘查和发掘》，《考古》1972年第1期；徐苹芳：《元大都在中国古代都城史上的地位——纪念元大都建城720年》，《北京社会科学》1988年第1期；王有泉：《元大都城墙》，《中国考古学年鉴·1991年》，文物出版社，1992年，第151页。

　　与此同时，这一阶段国内外学者对金中都进行实地考察后绘制了一系列都城变迁图，如1928年日本那波利贞绘制的"辽金南京燕京故城疆域拟定地图"（图一〇二）[①]；1929年奉宽绘制的"唐幽州辽金元明京城分合图"（图一〇三）[②]；1935年汤用彬《旧都文物略》中绘制的"辽金元明都城变迁图"；1941年崇璋绘制的"辽金土城想象图"[③]；1953年周耿绘制的"辽金元明都城变迁图"[④]，1955年朱偰勾勒的"八百年来北京沿革略图"（图一〇四）等[⑤]。

　　这些变迁图中，最早那波利贞对金中都城的四至考订是基本正确的，认为唐幽州、辽南京、金中都范围是渐次扩展的，并且首次绘制了金中都外城、皇城和宫城相套的格局，但他认为金中都在辽南京基础上向东、北两面扩展的说法并不准确。几乎同时，奉宽绘制的"唐幽州辽金元明京城分合图"，驳斥了之前"七十五里"大城的说法，并且根据时存的街道对金中都的城门进行了一些推断。之后一系列的都城变迁图都过于夸大金中都的范围，认为其在辽南京基础上向四面大规模扩建，这些认识是不正确的，并且城门排列顺序较为混乱，城门位置说法不一。

　　通过初步考古工作的开展，这一阶段最为重要的一类复原图即考古实测图。主要有两幅，一是1943年王璧文绘制的金中都西南城墙凤凰嘴一带的实测图（图一〇五）[⑥]，直观示意了凤凰嘴土城墙的形制。二是1958年阎文儒根据考古调查和测量绘制的"金中都复原草图"[⑦]（图一〇六），根据残存的城墙遗迹首次确认了金中都的准确位置、四至范围及城垣规模，测量的外城周长是18690米，与史料"三十里许"的记载基本吻合，直接驳斥了外城"七十五里"的说法，也否定了四子城的传说，认定金中都城在辽南京城基础上由东、西、南三面向外扩展。此次考古工作也调查了金中都皇城和宫城的范围，基本确认了主要宫殿及中轴线的位置。阎文儒绘制的这张考古勘测图是有关金中都的第一幅考古复原图，为后来的一系列金中都复原图提供了底图。

---

① 〔日〕那波利贞著，刘德明译：《辽金南京燕京故城疆域考》，《中和月刊》1941年第12期、1942年第1期。

② 奉宽：《燕京故城考》，《燕京学报》1929年第5期。

③ 崇璋：《辽金土城谈》，《中和月刊》1941年第12期。

④ 周耿：《金中都考》，《光明日报》1953年4月18日第5版。

⑤ 朱偰：《八百年前的北京伟大建筑——金中都宫殿图考》，《文物参考资料》1955年第7期。

⑥ 王璧文：《凤凰嘴土城》，《文物参考资料》1958年第8期。

⑦ 阎文儒：《金中都》，《文物》1959年第9期。

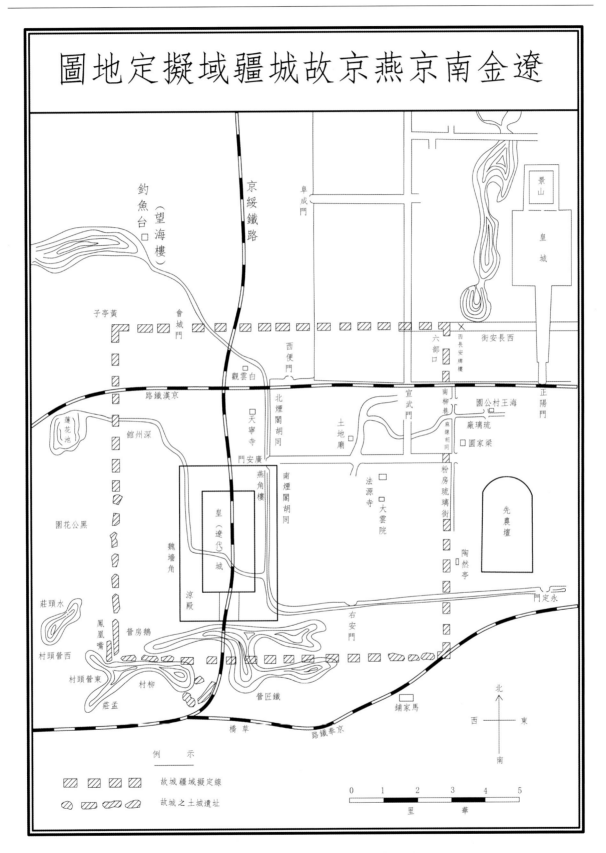

图一〇二 辽金南京燕京故城疆域拟定地图

（那波利贞，1928，作者按原图重绘）

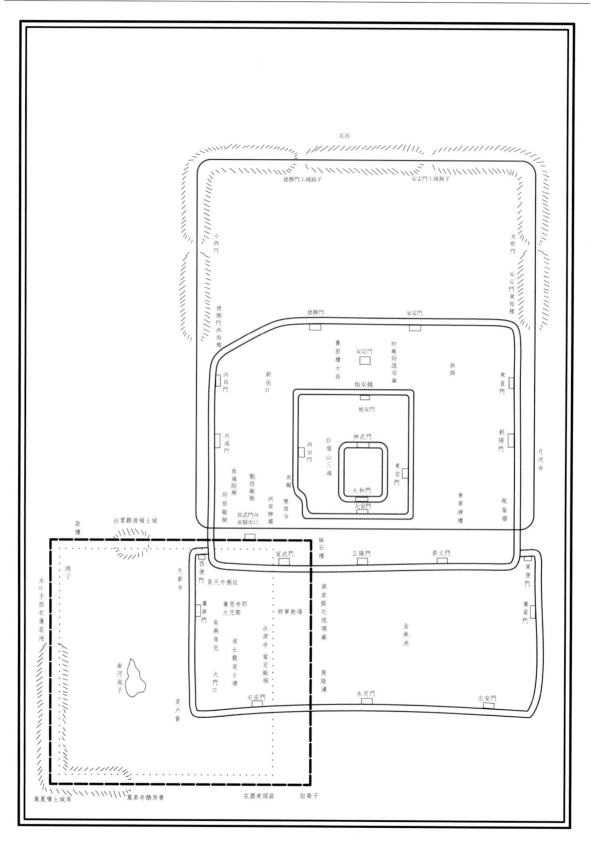

图一〇三　唐幽州辽金元明京城分合图

（奉宽，1929，作者按原图重绘）

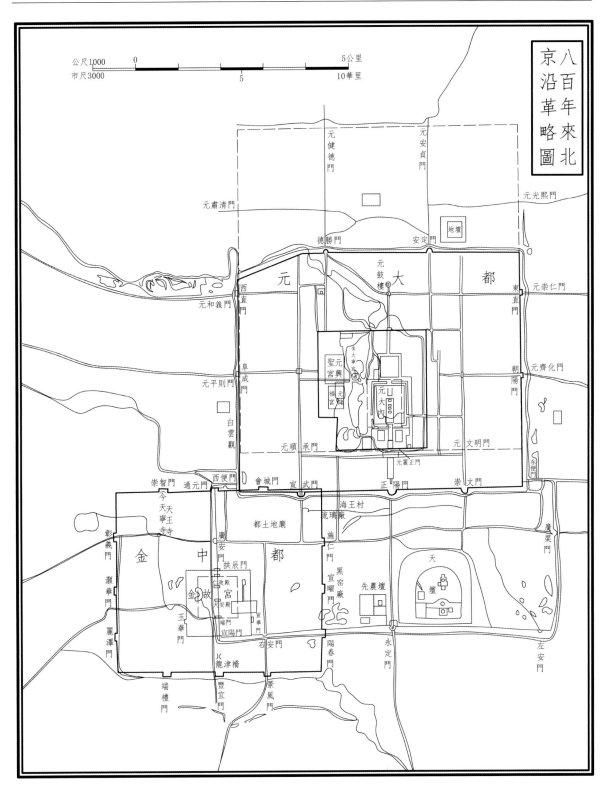

图一〇四 八百年来北京沿革略图

（朱偰，1955，作者按原图重绘）

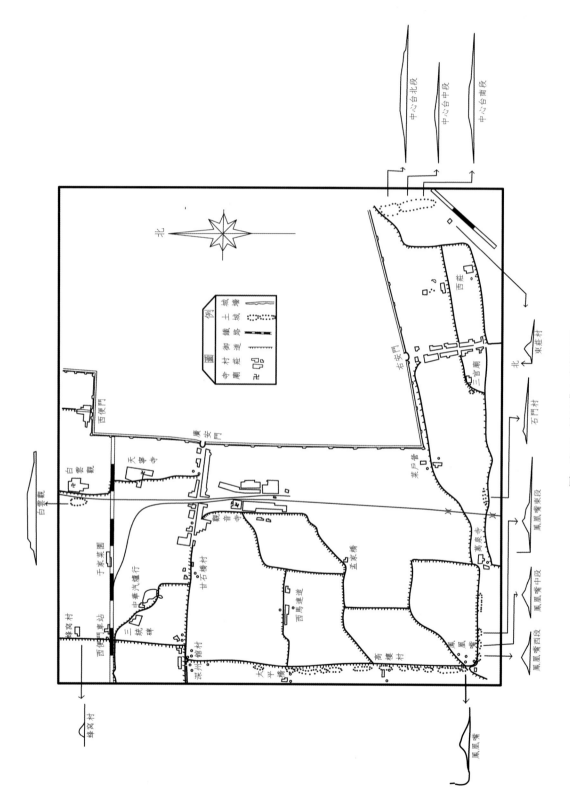

图一○五　凤凰嘴土墙实测图

（王璧文，1943，作者按原图重绘）

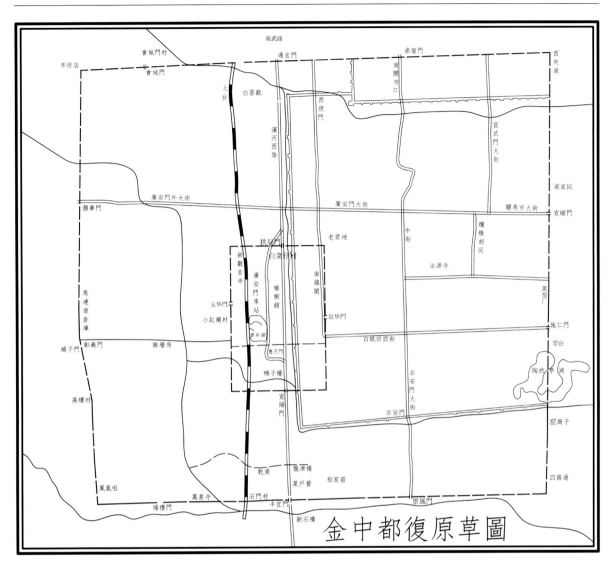

图一〇六　金中都复原草图

（阎文儒，1958，作者按原图重绘）

第三阶段是20世纪80年代至今的多学科结合复原阶段。随着历史地理学、古地图学等学科手段的应用，结合文献史料和新的考古发现，对金中都的布局认识更加丰富和全面，绘制的金中都图在整体格局上基本一致，但复原更加细化，局部细节存在差异。代表性的复原图有以下几个。

1980年徐苹芳在《中国历史考古学论丛》一书中刊布的"金中都城平面示意图"[①]（图一〇七），是作者在1965～1966年对金中都重新勘测的基础上绘制的复原图，探明了外城的城

① 徐苹芳：《古代北京的城市规划》，《中国历史考古学论丛》，允晨文化实业股份有限公司（台北），1995年，第131～160页。

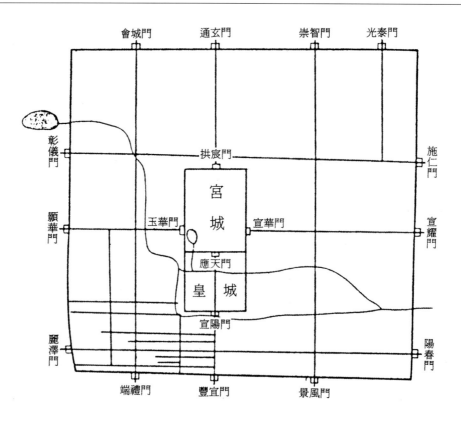

图一〇七　金中都城平面示意图

（徐苹芳，1980）

门和门内大街以及西南部端礼门和丰宜门之间等距离分布的一些东西向胡同的布局，第一次明确将金中都皇城和宫城的形制复原为了南北相接的"日"字形。1987年宿白绘制的金中都草图沿用了该图①。

1988年侯仁之在《北京历史地图集》中绘制的"金中都图"②（图一〇八），在徐苹芳绘制的平面示意图上调整了河湖水系的局部走向，并且考证了金中都外城16个坊的位置，以及部分寺庙、宫观等分布。

1989年于杰在《金中都》③一书中绘制了"金中都城图"（图一〇九）和"金中都皇城宫城复原示意图"，根据大量的文献史料，以民国时期地图为底图，并且添加了辽南京的都城地名要素，将同乐园等括进皇城内，将皇城和宫城的形制绘制成"甲"字形的布局。同时考证了

---

① 宿白：《汉唐宋元考古——中国考古学（下）》，文物出版社，2010年。

② 侯仁之主编：《北京历史地图集》，北京出版社，1988年。

③ 于杰、于光度：《金中都》，北京出版社，1989年。

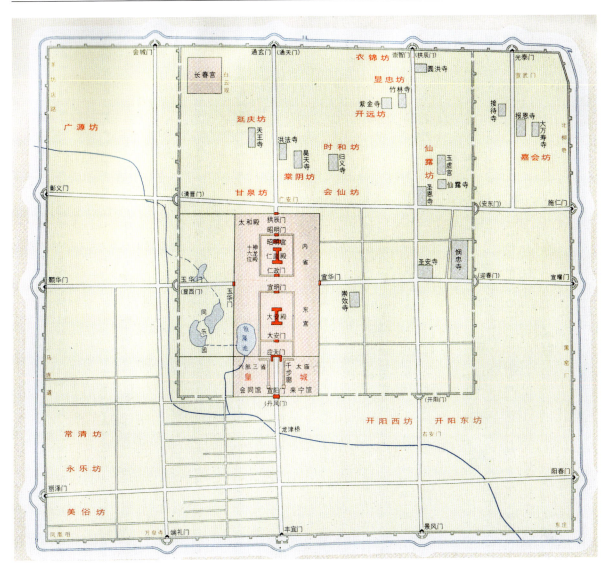

图一〇八　金中都图

（侯仁之，1988）

金中都36个里坊的位置。同年，赵其昌在《金中都城坊考》一文中绘制了"金中都城坊复原示意图"①，对施仁门、阳春门的位置提出了不同意见。

20世纪90年代以来，主要是根据考古发掘成果对金中都复原图的一些局部修正。1995年北京市测绘研究院出版的《北京地图集》在《北京历史地图集》的基础上，根据1990年发现的金中都水关遗址调整了河道画法②。1999年齐心《图说北京史》中重新绘制了"金中都城复原示

---

① 赵其昌：《金中都城坊考》，《首都博物馆国庆四十周年文集》，中国民间文艺出版社，1989年。

② 北京市测绘研究院：《北京地图集》，测绘出版社，1994年。

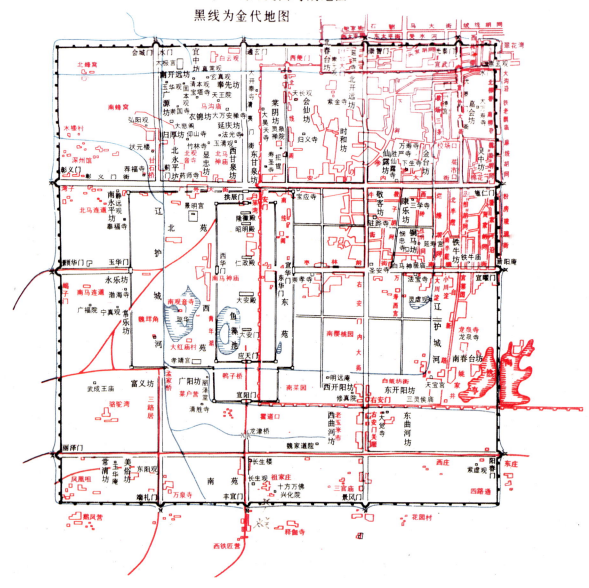

图一〇九　金中都城图

（于杰、于光度，1989）

意图"（图一一〇）和"金中都皇城宫城示意图"①，将皇城和宫城的形制绘制成"回"字形格局，将蝎子门考证为灏华门，并且认为灏华门内大街斜向东北；同时考证了金中都的35个里坊的分布。

① 齐心主编：《图说北京史》，北京燕山出版社，1999年，第188页。

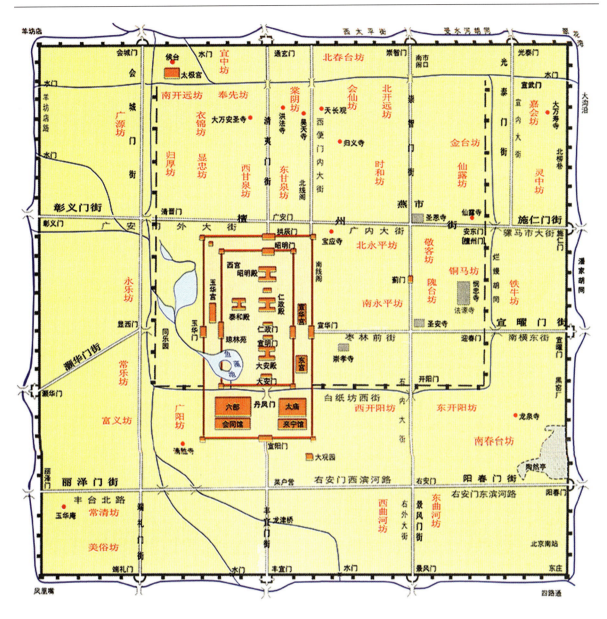

图一一〇　金中都城复原示意图

（齐心，1999）

　　进入21世纪以来，金中都复原图又有一些局部调整。2001年辽金城垣博物馆根据沿水关遗址所探明的城内水源路线，在之前金中都复原图的基础上进一步修正了河道的画法（图一一一）[①]。2005年岳升阳在《北京宣南历史地图集》中根据对古地图进行大比例尺缩放的方法对金中都西城垣再次分析，认为20世纪50年代调查的蝎子门遗迹应为丽泽门的位置，而灏华门则位于更北的太平桥一带（图一一二）。皇城和宫城的布局沿袭了之前"日"字形的看

---

① 北京辽金城垣博物馆：《金中都水关遗址考览》，北京燕山出版社，2001年。

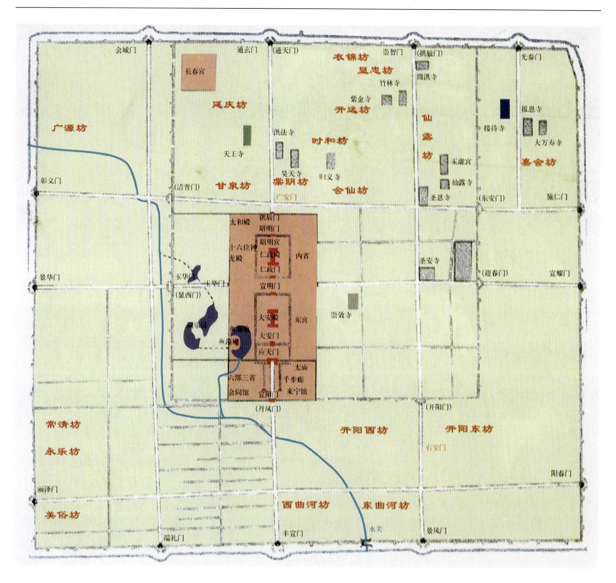

图一一一　金中都城复原图

（辽金城垣博物馆，2001）

法，同时标注了推测皇城的范围①。2012年出版的《中华人民共和国国家历史地图集》②中刊布了徐苹芳早年对金中都的复原研究，更加细化了外城西南部的街巷道路系统，同时将同乐园等括进皇城，修正了皇城和宫城的布局模式，皇城位于宫城西、南，大概形成"刀"字形（图一一三）。

　　综合以上金中都复原图形成的几个阶段，宋金行程录的记载奠定了金中都城格局复原的最

---

① 　侯仁之、岳升阳主编：《北京宣南历史地图集》，学苑出版社，2008年；岳升阳：《金中都历史地图绘制中的几个问题》，《北京社会科学》2005年第3期。

② 　国家地图集编撰委员会：《中华人民共和国国家历史地图集》，中国地图出版社、中国社会科学出版社，2012年。

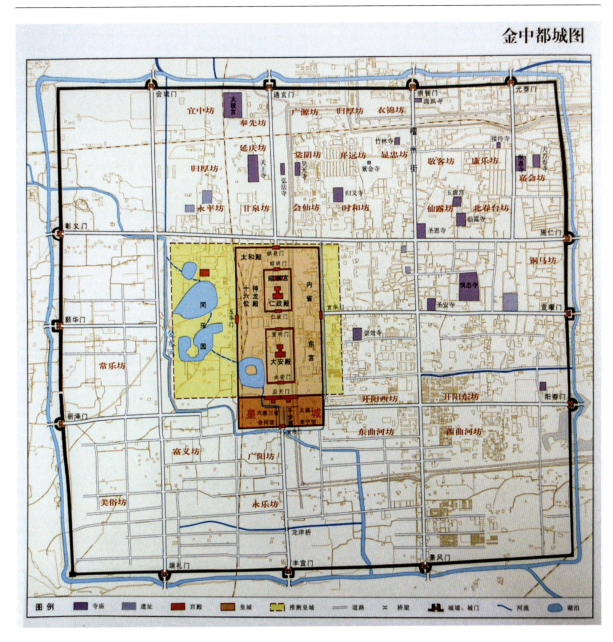

图一一二  金中都城图

（岳升阳，2009）

原始底图，之后经历了史料误识造成的复原混乱，实地调查和初步的考古勘探工作厘定了之前的一些错误认识，阎文儒绘制的第一幅考古草图确立了金中都城格局复原的最基本框架。之后随着考古发掘工作的开展，多学科手段相结合，金中都城的局部复原更加细化，也更加准确。但是由于金中都城"古今叠压"的属性，考古工作受限较大，很多有争议的问题，比如皇城和宫城的准确布局形式、苑囿水系、城门、道路的准确位置等，至今仍无定论。

近年来，随着北京城市基本建设项目的开展，对金中都城的配合性考古发掘工作不断取得

图一一三　金中都大兴府图

（徐苹芳，2012）

新成果，城墙、马面、护城河、顺城街道路、城内十字街道路、塔基地宫、生活居址、大型皇家寺院等的发掘，让我们对金中都城有了更加丰富、清晰的认识，也对金中都的社会内涵有了更多理解，同时对辽南京、金中都、元大都以及明清北京城的历史变迁找到了更加有力的考古依据，对金中都在中国古代都城制度发展史中承上启下的历史地位，以及在中华民族多元一体格局形成中的重要作用都有了更加充分的解读。相信随着考古工作的不断推进，随着发掘资料内涵的不断挖掘，我们对金中都城的格局复原会更加完善、更加接近真实。

# 第七章　结　　语

贞元元年（1153），金帝完颜亮正式迁都中都，这一历史事件不仅改写了金朝的历史，同时也改写了北京城市发展史，甚至可以说这一关键性的政治举措在中国古代都城发展史上也留下了浓墨重彩的一笔。

在金朝历史上，金中都是历时最长、发展最为鼎盛时期的都城，政治稳定、经济繁荣，开创了社会发展的新局面。在北京城市发展史上，金中都正式拉开了北京作为"一国之都"的历史大幕，为后来元、明、清成为全国大一统的政治中心奠定了最为坚实的历史基础。在中国古代都城发展史上，金中都是都城向北迁移的重要的起点和转折点，同时也是从封闭的里坊制向开放的街巷制过渡的重要阶段，有着承上启下的历史地位。

2019～2020年是首次对金中都外城墙体系进行的正式考古发掘工作，基本厘清了外城城墙的保存状况、形制结构，以及与城外护城河、城内道路的关系，首次正式确认了城墙、护城河的宽度及营建方式，完整揭露的一处马面遗迹，也是金中都考古的首次发现。发现的唐、辽墓葬为金中都外城南墙在唐幽州、辽南京基础上向外扩建的史实提供了新的考古学证据。此外，近十余年来，在配合北京城市基本建设的过程中，北京市考古研究院对金中都城址进行了40余次正式考古发掘工作，发掘面积近8万平方米，包括房址、灰坑、灰沟、水井、道路、窑址、灶址等生活居址，大型皇家寺院以及佛教塔基地宫等，为进一步复原金中都城的结构布局提供了丰富的资料依据。同时发现了唐幽州、辽南京和金中都城址相互叠压的"三叠层"地层堆积，为研究相继沿用的三座城址的变迁关系提供了非常宝贵的实物资料。

金中都城址的一个重要特点是"古今重叠"，这一点在道路遗存上表现得尤为明显。2019～2020年发掘的西城墙内顺城街道路遗迹不仅有金、元、清代的先后叠压和沿用，且其东侧紧邻现在北京城市道路中的南北向"高楼村路"，向南跨过东西向"丽泽路"，还有南北向

**彩版二**

1. 时任北京市文物局考古处处长郭京宁到工地视察

2. 时任北京市文物研究所所长白岩检查工作

领导视察工地

1.时任北京市文物研究所书记刘文华、副所长张中华检查工作

2.时任北京市丰台区文旅局局长樊维主持考古现场协调会

领导检查、协调工作

**彩版四**

1. 考古工作前期专家论证会
（时任中国社会科学院考古研究所副所长朱岩石、原北京市文物研究所研究员靳枫毅、赵福生）

2. 2019年发掘结束专家现场验收工作
（从左向右：丁利娜、靳枫毅、岳升阳、魏坚、董新林、朱岩石、赵福生、李政、白岩）

专家论证、验收工作

1. 2020年发掘结束专家现场验收工作
（中国人民大学魏坚教授、中国社会科学院考古研究所董新林研究员、北京大学考古文博学院刘未副教授）

2. 验收专家在南城墙遗址合影
（从左向右：丁利娜、董新林、魏坚、刘未、王晶）

专家验收工作

1. 时任北京市文物局图书资料中心主任祁庆国一行考察、交流

2. 天津大学建筑学院张龙教授一行考察、交流

专家、学者现场考察与交流

1. 北京市考古研究院同事们现场考察、交流

2. 项目负责人丁利娜现场接受媒体采访

同事、媒体现场考察、交流与采访

1. 2019年西城墙发掘区探沟俯视（上北下南）

2. 2019FJⅠT1东壁剖面正视图（西向东）

2019年西城墙发掘区探沟俯视、2019FJⅠT1东壁剖面正视图

1. 西南局部俯视（上北下南）

2. 东南局部俯视（上北下南）

2020年南城墙发掘区西南、东南局部俯视

彩版一四

2020年西城墙发掘区东段局部俯视（上北下南）

1. 金代土城遗迹
（瑞典喜仁龙，1924）

2. 马连道西城墙遗迹
（阎文儒，1958）

金代土城、马连道西城墙遗迹

1. 凤凰嘴南城墙遗迹（采自《图说北京史》，1999）

2. 万泉寺南城墙遗迹（采自《图说北京史》，1999）

凤凰嘴、万泉寺南城墙遗迹

1. 高楼村西城墙遗迹（采自《图说北京史》, 1999）

2. 万泉寺南城墙发掘区现状（2019）

高楼村西城墙遗迹、万泉寺南城墙发掘区现状

1. 高楼村西城墙发掘区现状（2019）

2. 万泉寺南城墙发掘区工作场景

高楼村西城墙发掘区现状、万泉寺南城墙发掘区工作场景

1. 发掘区东部工作场景（西向东）

2. 发掘区西部工作场景（西向东）

高楼村西城墙发掘区工作场景

1. 高楼村西城墙发掘区工作场景（东向西）

2. 清理南城墙探沟局部

西城墙、南城墙发掘区工作场景

1. 清理西城墙局部夯窝

2. 清理南城墙局部夯窝

3. 清理西城墙局部夯窝

清理西城墙、南城墙局部夯窝场景

1. 解剖前全景（北向南）

2. 解剖后全景（北向南）

2019FJⅠT1探沟解剖前、后全景

1. 2019FJⅠT2（上东下西）

2. 2019FJⅠT2、2019FJⅠT3（上东下西）

2019FJⅠT2、2019FJⅠT3探沟俯视

1. 2019FJⅠT4（上东下西）

2. 2019FJⅠT6（上北下南）

2019FJⅠT4、2019FJⅠT6探沟俯视

1. 2019FJⅠT2（北向南）

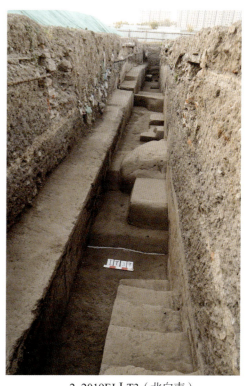

2. 2019FJⅠT3（北向南）

3. 2019FJⅠT4（北向南）

4. 2019FJⅠT5（东向西）

2019FJⅠT2~2019FJⅠT5探沟全景

1. 2019FJ Ⅰ T6（东向西）

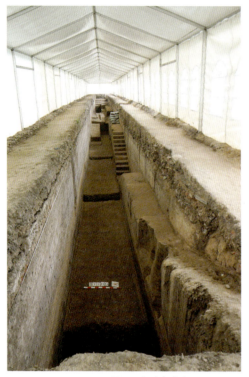

2. 2019FJ Ⅱ T1（西向东）

3. 2020FJ Ⅰ T0202、2020FJ Ⅰ T0301、2020FJ Ⅰ T0302（东向西）

2019FJ Ⅰ T6、2019FJ Ⅱ T1探沟及2020FJ Ⅰ T0202、2020FJ Ⅰ T0301、2020FJ Ⅰ T0302探方全景

1. 2020FJⅠT0409、2020FJⅠT0410、2020FJⅠT0505~2020FJⅠT0510（东向西）

2. 2020FJⅠT0313、2020FJⅠT0314（西向东）

2020FJⅠT0409、2020FJⅠT0410、2020FJⅠT0505~2020FJⅠT0510、2020FJⅠT0313、
2020FJⅠT0314探方全景

1. 2020FJⅡT0409~2020FJⅡT0413（西向东）

2. 2020FJⅡT0414~2020FJⅡT0416（东向西）

2020FJⅡT0409~2020FJⅡT0416探方全景

1. 2019FJⅠT1Q局部（北向南）

2.2019FJⅠT1Q解剖沟（西北向东南）

3. 2019FJⅠT2Q局部（西向东）

2019FJⅠT1Q局部、解剖沟及2019FJⅠT2Q局部

1.解剖沟局部（西南向东北）

2.夯窝细部

2019FJⅠT1Q解剖沟及夯窝细部

1.北部倒塌堆积剖面（东向西）

2.倒塌堆积中的横置夯窝

2019FJⅠT2Q倒塌堆积及夯窝

1. 夯土全景（西向东）

2. 夯土局部（东向西）

3. 夯土局部（南向北）

2019FJⅠT6Q夯土遗迹

1. 2019FJⅠT6Q局部夯层与夯窝

2. 2020FJⅠT0409、2020FJⅠT0410、2020FJⅠT0505~2020FJⅠT0510残存夯土墙体局部（东北向西南）

2019FJⅠT6、2020FJⅠT0409、2020FJⅠT0410、2020FJⅠT0505~2020FJⅠT0510夯土局部

1.夯土全景（西向东）

2.局部夯窝俯视

2020FJⅠT0409、2020FJⅠT0410Q夯土遗迹

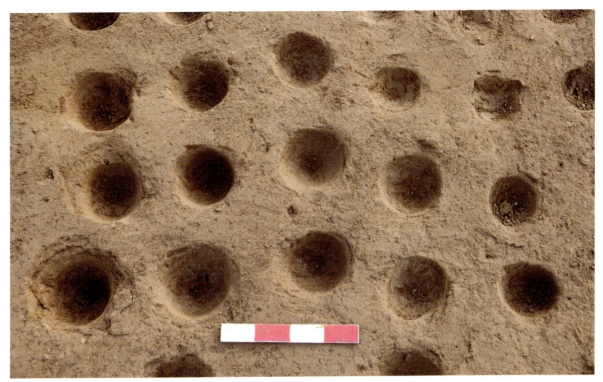

1. 原墙体夯窝细部

2. 解剖沟1西壁剖面（东北向西南）

3. 解剖沟1东壁剖面（西北向东南）

2020FJⅠT0409、2020FJⅠT0410原墙体夯窝及解剖沟1剖面

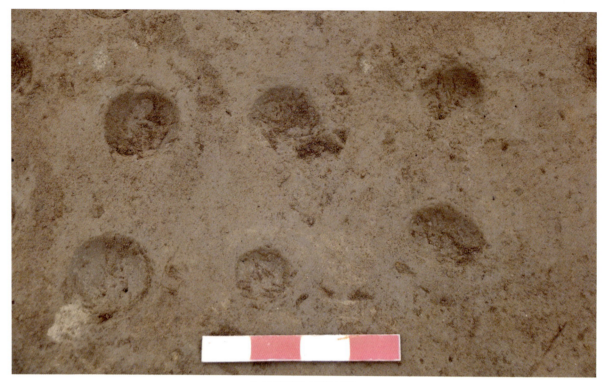

1. 补筑墙体局部夯窝

2. 解剖沟1西壁剖面（东南向西北）

3. 解剖沟1东壁剖面（西南向东北）

2020FJⅠT0409、2020FJⅠT0410补筑墙体夯窝及解剖沟1剖面

1. 西壁（东北向西南）

2. 东壁（西南向东北）

解剖沟2剖面

1. 东向西

2. 北向南

夯土墙体大夯窝局部

1. 南向北

2. 西南向东北

夯土墙体小夯窝局部

1.南壁东段（西北向东南）

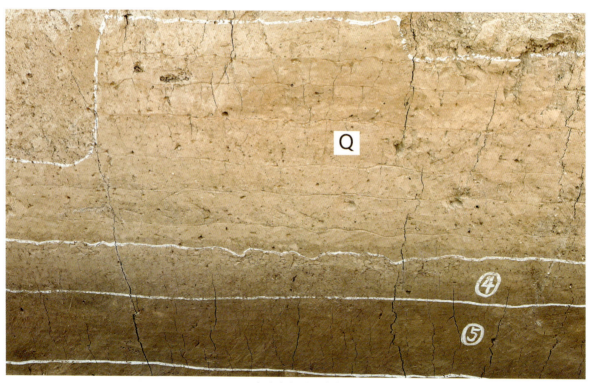

2.南壁中段（北向南）

夯土墙体解剖沟局部剖面

马面遗迹俯视（上北下南）

1.马面遗迹西南拐角（南向北）

2.马面外包砖沟北段局部（南向北）

马面遗迹西南、北段局部

1. 北段夯窝局部

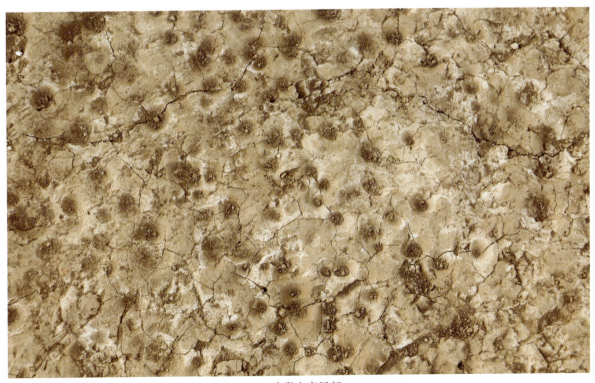

2. 中段夯窝局部

马面遗迹小夯窝局部

1. 城墙墙体与马面遗迹交接处南壁剖面（西北向东南）

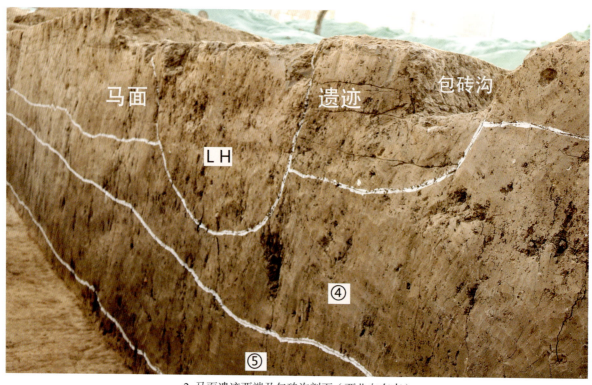

2. 马面遗迹西端及包砖沟剖面（西北向东南）

城墙墙体与马面遗迹解剖沟剖面

1. 东段（东向西）

2. 西段（西向东）

护城河河道

1. 东岸（西向东）

2. 西岸（东向西）

护城河东、西岸堤坡

护城河东段北壁剖面正视图（南向北）

1. 北壁（南向北）

2. 南壁（北向南）

护城河东岸堤坡剖面

1. 2019FJⅠT3L2路土局部（南向北）

2. 排水沟遗迹2019FJⅡT1G1全景（东向西）

3. 排水沟遗迹2019FJⅡT1G1清理后（东向西）

2019FJⅠT3L2局部、2019FJⅡT1G1全景

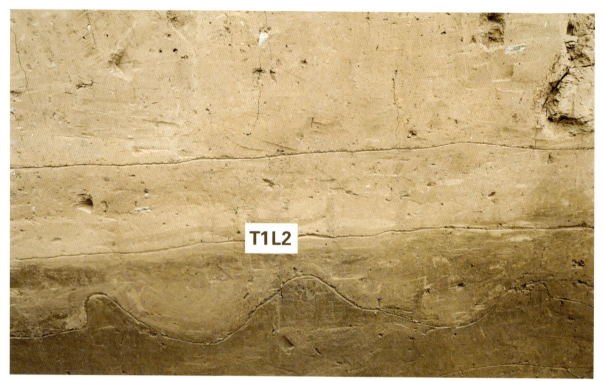

1. 2019FJⅠT1L2路土剖面车辙痕迹（西向东）

2. 2020FJⅠT0505~2020FJⅠT0510L2南端与墙体交界处局部（东向西）

2019FJⅠT1L2车辙、2020FJⅠT0505~2020FJⅠT0510L2局部

1. 2020FJⅡL2与城墙、路沟关系（北向南）

2. 2020FJⅡL2G1两层堆积（南向北）

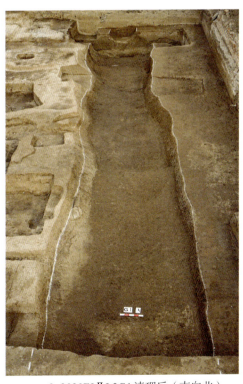

3. 2020FJⅡL2G1清理后（南向北）

2020FJⅡL2、2020FJⅡL2G1全景

1. 2020FJ Ⅱ L2G1出土残石碑正面

2. 2020FJ Ⅱ L2G1出土残石碑背面

3. 2020FJ Ⅰ M20全景（南向北）

2020FJ Ⅱ L2G1出土残石碑、2020FJ Ⅰ M20全景

1. 2020FJⅠM19全景（南向北）

2. 2020FJⅡH4清理中（南向北）

2020FJⅠM19、2020FJⅡH4遗迹

1. 全景（南向北）

2. 路土局部

2020FJⅡL1遗迹

1. 2019FJⅡM3

2. 2020FJⅡM4

3. 2020FJⅠM8

2019FJⅡM3、2020FJⅡM4、2020FJⅠM8全景

1. 2020FJ Ⅱ M5

2. 2020FJ Ⅱ M6

2020FJ Ⅱ M5、2020FJ Ⅱ M6全景

1. 2020FJⅡM16

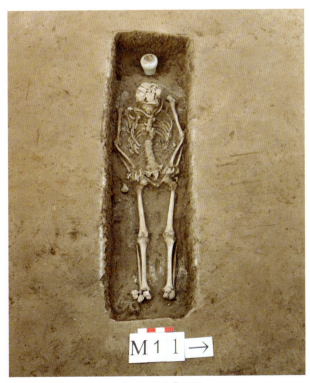

2. 2020FJⅠM11

3. 2020FJⅠM13

2020FJⅡM16、2020FJⅠM11、2020FJⅠM13全景

1. 棺椁全景

2. 清理后

2020FJⅠM17棺椁全景与清理后

1. 金中都道路遗迹上叠压的近现代堆积

2. 金中都城墙遗迹上叠压的近现代堆积

近现代堆积与金中都道路、城墙遗迹

1. 陶豆残片（2019FJⅡT1⑤：1）

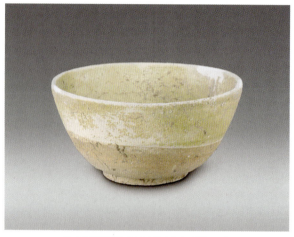

2. 瓷碗正视（2019FJⅠT6④：1）

3. 瓷碗俯视（2019FJⅠT6④：1）

4. 瓷碗底视（2019FJⅠT6④：1）

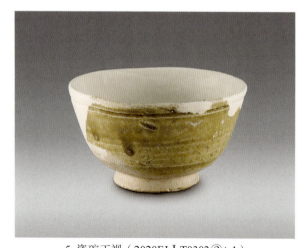

5. 瓷碗正视（2020FJⅠT0302②：1）

6. 瓷碗俯视（2020FJⅠT0302②：1）

2019FJⅠT6、2019FJⅡT1、2020FJⅠT0302出土器物

1. 底视（2020FJⅠT0302②：1）

2. 残片（2019FJⅠT1④：2）

3. 残片（2020FJⅠT0505②：11）

4. 残片（2019FJⅠT6③：3）

5. 正视（2020FJⅠT0410解剖沟④：2）

6. 底视（2019FJⅠT0410解剖沟④：2）

2019FJⅠT1、2019FJⅠT6、2020FJⅠT0302、2020FJⅠT0410解剖沟、2020FJⅠT0505出土瓷碗

1. 残片（2019FJⅠT6③：2）

2. 残片（2019FJⅠT0505②：4）

3. 正视（2019FJⅠT6④：4）

4. 俯视（2019FJⅠT6④：4）

5. 正视（2020FJⅠT0410解剖沟④：1）

6. 俯视（2020FJⅠT0410解剖沟④：1）

2019FJⅠT6、2020FJⅠT0410解剖沟、2020FJⅠT0505出土瓷碗

1. 碗底视（2020FJ I T0410解剖沟④：1）

2. 盘（2019FJ I T6④：3）

3. 钵（2019FJ I T0410解剖沟④：3）

4. 钵（2019FJ I T6①b：1）

5. 盘残片（2019FJ I T3④：1）

6. 钵残片（2019FJ I T6③：1）

2019FJ I T3、2019FJ I T6、2020FJ I T0410解剖沟出土瓷器

1. 罐残片（2020FJ I T0505②：8）

2. 罐残片（2019FJ I T1③：8）

3. 罐残片（2019FJ I T1④：1）

4. 执壶残片（2019FJ II T1③a：1）

5. 盆残片（2019FJ I T1③：7）

6. 罐残片（2020FJ I T0505②：10）

2019FJ I T1、2019FJ II T1、2020FJ I T0505出土瓷器

1. 铁剑（2019FJⅠT6④：2）

2. 沟纹砖（2019FJⅠT6④：5）

2019FJⅠT6出土器物

1. 碗残片（2020FJⅠT0509①b：1）

2. 碗残片（2020FJⅠT0510②：3）

3. 碗残片（2020FJⅠT0505②：3）

4. 碗残片（2019FJⅠT3③：1）

5. 碗残片（2019FJⅡT1③b：1）

6. 盘正视（2020FJⅠT0505②：1）

2019FJⅠT3、2019FJⅡT1、2020FJⅠT0505、2020FJⅠT0509、2020FJⅠT0510
出土瓷器

1. 盘底视（2020FJ I T0505②：1）

2. 碗残片（2020FJ I T0505②：2）

3. 碗残片（2020FJ I T0505②：6）

4. 碗残片（2019FJ I T1③：6）

5. 碗残片（2020FJ I T0507②：2）

6. 碗残片（2019FJ II T1③b：2）

2019FJ I T1、2019FJ II T1、2020FJ I T0505、2020FJ I T0507出土瓷器

1. 盘（2020FJⅠT0507②：1）

2. 器盖（2020FJⅠT0505②：5）

3. 器耳（2019FJⅠT1③：9）

4. 鸡腿瓶（2019FJⅠT1③：1）

5. 盏正视（2020FJⅠT0505①b：1）

6. 盏底视（2020FJⅠT0505①b：1）

2019FJⅠT1、2020FJⅠT0505、2022FJⅠT0507出土瓷器

1. 瓷鸡腿瓶（2019FJⅠT1③：2）

2. 瓷鸡腿瓶（2019FJⅠT1③：3）

3. 石礧（2019FJⅡT1③b：4）

4. 陶板瓦（2019FJⅠT1③：10）

5. 瓷罐（2019FJⅠT1③：4）

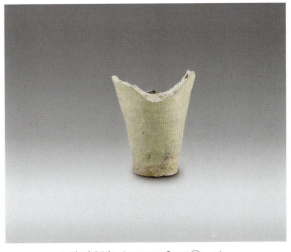

6. 瓷鸡腿瓶（2019FJⅠT1②：1）

2019FJⅠT1、2019FJⅡT1出土器物

1. 釉陶罐（2019FJ I T2①b：5）

2. 瓷碗（2019FJ I T3①b：1）

3. 瓷碗（2019FJ II T1②：3）

4. 瓷碗（2019FJ II T1②：4）

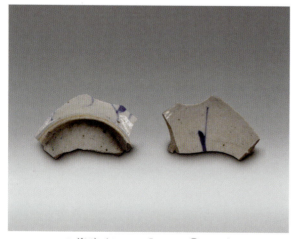

5. 瓷碗（2020FJ I T0509①b：3）

6. 瓷碗（2020FJ I T0509①b：4）

2019FJ I T2、2019FJ I T3、2019FJ II T1、2020FJ I T0509出土器物

1. 碗（2020FJⅠT0509①b：6）

2. 碗（2020FJⅠT0510②：4）

3. 盘正视（2019FJⅠT6②：3）

4. 盘底视（2019FJⅠT6②：3）

5. 碗（2020FJⅠT0510②：1）

6.碗（2020FJⅠT0509②：1）

7. 杯（2020FJⅠT0509①b：5）

2019FJⅠT6、2020FJⅠT0509、2020FJⅠT0510出土瓷器

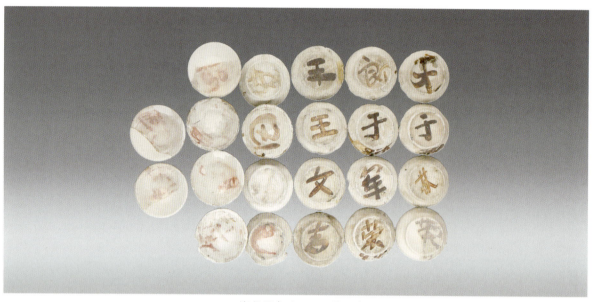

1. 瓷盏组合（2019FJⅠT4）

2. 2019FJⅠT4①：1正视

3. 2019FJⅠT4①：1底视

4. 2019FJⅠT4①：2正视

5. 2019FJⅠT4①：2底视

2019FJⅠT4出土瓷盏

1. 2019FJⅠT4①：3正视

2. 2019FJⅠT4①：3底视

3. 2019FJⅠT4①：4正视

4. 2019FJⅠT4①：4底视

5. 2019FJⅠT4①：5正视

6. 2019FJⅠT4①：5底视

2019FJⅠT4出土瓷盏

1. 2019FJⅠT4①：6正视

2. 2019FJⅠT4①：6底视

3. 2019FJⅠT4①：7正视

4. 2019FJⅠT4①：7底视

5. 2019FJⅠT4①：8正视

6. 2019FJⅠT4①：8底视

2019FJⅠT4出土瓷盏

1. 2019FJⅠT4①：9正视

2. 2019FJⅠT4①：9底视

3. 2019FJⅠT4①：10正视

4. 2019FJⅠT4①：10底视

5. 2019FJⅠT4①：11正视

6. 2019FJⅠT4①：11底视

2019FJⅠT4出土瓷盏

1. 2019FJⅠT4①：12 正视

2. 2019FJⅠT4①：12 底视

3. 2019FJⅠT4①：13 正视

4. 2019FJⅠT4①：13 底视

5. 2019FJⅠT4①：14 正视

6. 2019FJⅠT4①：14 底视

2019FJⅠT4出土瓷盏

1. 2019FJⅠT4①: 15正视

2. 2019FJⅠT4①: 15底视

3. 2019FJⅠT4①: 16正视

4. 2019FJⅠT4①: 16底视

5. 2019FJⅠT4①: 17正视

6. 2019FJⅠT4①: 17底视

7. 2019FJⅠT4①: 18正视

8. 2019FJⅠT4①: 18底视

2019FJⅠT4出土瓷盏

1. 2019FJⅠT4①：19正视

2. 2019FJⅠT4①：19底视

3. 2019FJⅠT4①：20正视

4. 2019FJⅠT4①：20底视

5. 2019FJⅠT4①：21正视

6. 2019FJⅠT4①：21底视

7. 2019FJⅠT4①：22正视

8. 2019FJⅠT4①：22底视

2019FJⅠT4出土瓷盏

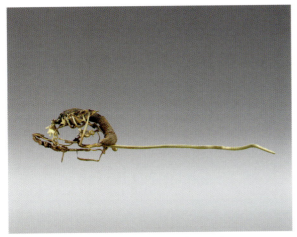

1. 金簪（2019FJⅠT2①b：1）

2. 金簪（2019FJⅠT2①b：2）

3. 金戒指（2019FJⅠT2①b：3）

4. 银押发（2020FJⅠT0507①b：1）

5. 滴水（2019FJⅡT1①b：1）

6. 白石球（2019FJⅠT2①b：4）

2019FJⅠT2、2019FJⅡT1、2020FJⅠT0507出土器物

1. 碗（2020FJⅠT0409Q：1）

2. 碗（2020FJⅠT0410Q：6）

3. 碗（2020FJⅠT0410Q：9）

4. 碗（2019FJⅠT4Q：2）

5. 碗（2019FJⅡHG④：3）

6. 盘（2019FJⅠT2Q：3）

2019FJⅠT2Q、2019FJⅠT4Q、2019FJⅡHG、2020FJⅠT0409Q、2020FJⅠT0410Q出土瓷器

1. 罐（2019FJⅠT2Q：4）

2. 碗正视（2020FJⅡHG⑤：1）

3. 碗俯视（2020FJⅡHG⑤：1）

4. 碗底视（2020FJⅡHG⑤：1）

5. 碗（2020FJⅠT0507L2：3）

6. 盏（2019FJⅠT2L2：1）

2019FJⅠT2Q、2019FJⅠT2L2、2020FJⅠT0507L2、2020FJⅡHG出土瓷器

1. 2019FJⅠH4：18正视

2. 2019FJⅠH4：18俯视

3. 2019FJⅠH4：18底视

4. 2019FJⅠH4：19正视

5. 2019FJⅠH4：19俯视

6. 2019FJⅠH4：19底视

2019FJⅠH4出土瓷碗

1. 碗正视（2019FJⅠH4：12）

2. 碗底视（2019FJⅠH4：12）

3. 盘正视（2019FJⅠH4：16）

4. 盘俯视（2019FJⅠH4：16）

5. 盘底视（2019FJⅠH4：16）

6. 盘正视（2019FJⅠH4：17）

2019FJⅠH4出土瓷器

1. 盘俯视（2019FJⅠH4：17）

2. 盏正视（2019FJⅠH4：11）

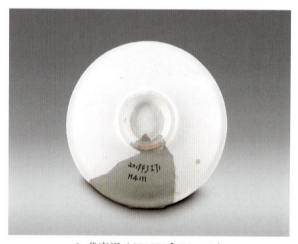

3. 盏底视（2019FJⅠH4：11）

4. 钵正视（2019FJⅠH4：13）

5. 钵底视（2019FJⅠH4：13）

6. 碗（2019FJⅠH4：15）

2019FJⅠH4出土瓷器

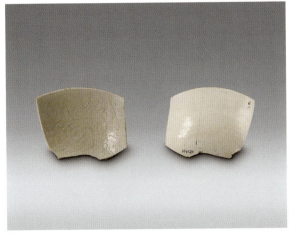

1. 碗（2019FJⅠH4：20）

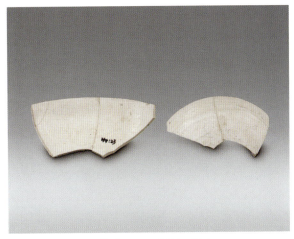

2. 碗（2019FJⅠH4：23）

3. 碗（2019FJⅠH4：31）

4. 盘（2019FJⅠH4：21）

5. 鸡腿瓶（2019FJⅠH4：24）

6. 罐（2019FJⅠH4：33）

2019FJⅠH4出土瓷器

1. 鸡腿瓶（2019FJ I H4：25）

2. 罐（2019FJ I H4：28）

3. 碗（2019FJ I H4：29）

4. 盘（2019FJ I H4：30）

5. 罐（2019FJ I H4：32）

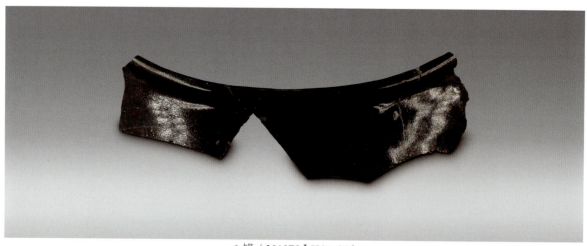

6. 罐（2019FJ I H4：34）

2019FJ I H4出土瓷器

1. 瓷梅瓶（2019FJ I H4：14）

2. 汉白玉象棋子（2019FJ I H4：1）

3. 瓷围棋子（2019FJ I H4：3）

4. 瓷骰子（2019FJ I H4：2）

5. 陶板瓦（2019FJ I H4：22）

2019FJ I H4出土器物

1. "官"字款砖（2020FJⅡH4：2）

2. "官"字款砖（2020FJⅡH4：3）

3. "内"字款砖（2020FJⅡH4：4）

4. "内"字款砖（2020FJⅡH4：5）

5. "内"字款砖（2020FJⅡH4：6）

6. "内"字款砖（2020FJⅡH4：8）

7. 石杵（2020FJⅡL1①：2）

8. 瓷罐（2019FJⅠH3：3）

2019FJⅠH3、2020FJⅡH4、2020FJⅡL1出土器物

1. 瓷盏（2020FJⅡH3：1）

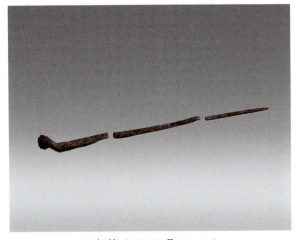

2. 银簪（2019FJⅡM3：1）

3. 银耳环（2019FJⅡM3：3）

4. 料珠（2019FJⅡM3：2）

5. 玉烟嘴（2020FJⅡM4：1）

6. 铜烟锅（2020FJⅡM4：4）

2019FJⅡM3、2020FJⅡM4、2020FJⅡH3出土器物

1. 铜戒指（2020FJⅡM5：2）

2. 铜扣（2020FJⅡM5：3）

3. 釉陶罐（2020FJⅡM6：1）

4. 釉陶罐（2020FJⅡM6：4）

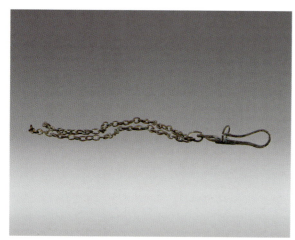

5. 铜链（2020FJⅡM7：1）

6. 铜烟锅（2020FJⅡM7：2）

2020FJⅡM5、2020FJⅡM6、2020FJⅡM7出土器物

1. 瓷罐（2020FJ I M11：1）

2. 铜烟锅（2020FJ I M12：2）

3. 釉陶罐（2020FJ II M15：5）

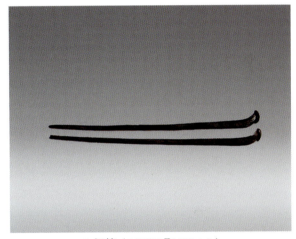

4. 银簪（2020FJ II M15：1）

5. 铜耳环（2020FJ II M15：2）

6. 铜扣（2020FJ II M15：3）

2020FJ I M11、2020FJ I M12、2020FJ II M15出土器物

1. 铜镜（2020FJⅠM8：1）

2. 釉陶罐（2020FJⅠM8：2）

3. 釉陶罐（2020FJⅠM8：3）

2020FJⅠM8出土器物